講談社選書メチエ
695

事故の哲学

ソーシャル・アクシデントと技術倫理

齊藤了文

MÉTIER

目次

はじめに　ソーシャル・アクシデントの時代 …… 7

第一章　事故を考えるための技術論 …… 15

1　工学的認識に向けて …… 16
2　設計の知と工学者の倫理 …… 26
3　価値としての人工物 …… 36
4　個物としての人工物 …… 43
5　複雑化する人工物と責任の所在 …… 53

第二章　安全は科学を超える …… 61

1　安全の考え方 …… 62
2　科学技術による安全の限界 …… 65
3　工学による安全 …… 69

4　自動運転車の新しい問題……75
5　科学技術を超えた安全問題……80

第三章　組織・システム・制度……85

1　技術者の組織……86
2　法人とコントロール……98
3　組織・システム……105
4　所有権をめぐる問題……111
5　予防とパターナリズム……120

第四章　無過失責任の誕生……129

1　無過失責任と倫理関係……130
2　製造物責任法の動向……136

3 過失と免責 152
4 法における人間観の変遷 165

第五章 人工物の存在論 181

1 科学理論から人工物へ 182
2 現代の技術の位置づけ 192
3 技術者の認識論と倫理学 206

最後に 「天災」化する事故 212

註 216
あとがき 232
索引 237

目次・章扉デザイン 宗利淳一

はじめに――ソーシャル・アクシデントの時代

天災と事故の違い

テレビでも新聞でもネットでも、事故の報道がない日はない。交通事故、医療事故、火事、転落事故、倒壊事故、崩落事故、落下事故、爆発事故……。二〇一一年、東日本大震災の大津波で引き起こされた福島第一原発事故は、いまだに継続中の事故である。

現代社会を「事故社会」と呼ぶこともできるだろう。

事故と自然災害はどこが違うのであろうか。事故とは「人工物」が介在し、自然災害は純粋に自然の力によって引き起こされるものだと、まずは定義しておきたい。

人工物とは一九九〇年代に吉川弘之元東京大学総長が提唱した呼び名である。東京大学の人工物工学研究センターの設立趣旨を引いてみよう。

我々の作り出した人工物が有限な地球上で互いに干渉し、環境への影響や大規模な事故など意図せぬ問題を起こしている現状があります。こうした人工物が人間の知識から作り出されていることを考えれば、我々は人工物を作り出す知識とその運用について、真剣に研究に取り組む必要があります。

私たちを取り巻く社会は、人間が作り（創り）出した「人工物」があふれている。物理的な存在であるいわゆる製造物だけではなく、システム、ソフトウエアなど、私たちの生活は、もはや人工物なしでは成り立たない。

「人工物」が引き起こす、予想外の被害が「事故」なのである。「事故」のもう一つの重要な特徴は、ほとんどが「過失」（または「想定外」の使い方や使用環境）によるものであることだ。[1]

自動車で人混みにわざと突っ込んで人を怪我させることは、傷害事件であって、事故とは区別して考える必要がある。運転操作のミス、道路が突然陥没する、自動車の制御装置にバグがあるなどの、過失や想定外の使用状況に起因するのが、事故なのである。

さて、話を先に進めよう。人工物の中でも製造物は確かに、科学技術を基盤に作られているものも多いが、科学技術だけでは人工物は作れない。身近なものとして、自動車を取り上げてみよう。

材料だけをみても、自動車の外板を構成する鉄の成分は、厳密な意味では同じ車種であっても違っているだろうし、その使用される環境（熱帯、寒冷地、多雨、砂漠）も異なれば、使用中にかかる負荷も違ってくる。また、自動車はある一定期間にわたって使用されるので、新車の時と一〇年後では何らかの変化を被らざるを得ない。このような小さな違いや変化が全体としては、思わぬ作用をすることがある。全体として一つのシステムを形成しているので、どうしても「複雑系」にならざるを得ないのだ。初期値と多くの科学法則が分かったとしても、完全に未来を見渡すことはできない。ものづくりという営為は、科学（数学や物理）とは違った知恵が必要とされるゆえんである。

私はこれまでの研究については、『〈ものづくり〉と複雑系』『テクノリテラシーとは何か』（講談社選書メチエ）などで発表してきた。

『〈ものづくり〉と複雑系』では、人工物というものが持つ、特徴を明らかにしてきた。工学的な知のあり方と科学的な知のあり方の違いを検討した。概念ではなく現実世界で、ものづくりをすることの困難と技術者の知恵についても解明を試みた。

限定合理性、冗長性、フェイルセーフ、トレードオフ、フールプルーフ、制約条件、複雑系、システム、制御、構成的方法、設計、ヒューリスティクス、実験、シミュレーション、メンテナンス、現実的条件、事故調査など、多岐にわたるキーワードが浮かび上がった。

技術的進化というものは確かにあって、ここ一〇〇年の間に、人工物はより複雑になった。一方でその複雑性を何とかコントロールする知恵も進化して、事故の増大は一定程度抑えられていると言えるだろう。しかし、技術の進歩によって、巨大なシステムが稼働するようになり、巨大な事故も発生するようになっているのも事実ではある。

二〇〇五年の『テクノリテラシーとは何か　巨大事故を読む技術』では、現代に起こった様々な事故を読み解いた。飛行機（コメット空中分解事故）、自動車（ピント車追突事故）、原発（スリーマイル島原発事故）、薬品開発（サリドマイド）、金融システム（みずほ銀行システムトラブル）、トンネル（新幹線トンネル崩落事故）、工場（ボパールでの化学工場事故）など、具体的な事故・事件を取り上げた。

その上で、それぞれの事故に潜む技術論的な論点を取り出した。製造物責任法（ＰＬ法）の考え方に影響を与えた「無過失責任」は、製造する企業の責任範囲を拡大させた。原発事故や化学工場の事故では、大規模なプラントを操業・運営する際の、ヒューマンファクター（人的要因）が、事故の発端や拡大に与えた影響がポイントだった。こうした概観を通じて、エンジニア（技術者）という専門家の職能・責任・倫理がどうあるべきかを問うた。医師という「専門職」などとも比較して、エンジニアの特徴を考察した。

しかしながら、事故をより深く考えてみると、単なる科学技術という視点からだけでは全体像が見えてこないのである。人間や社会の関係やあり方にまで射程を広げて、事故を社会的に捉える必要がある。

そのために本書では、多様な技術に関わる論点も含めて、科学技術の様々な考え方を「見える化」しようと試みた。トレンドとなっている個別の技術を探究するのではなく、まずは技術の一般的特徴の探究という意味で「技術論」を目指している。

さらには技術論の本質に迫る「技術哲学」を探ってみたい。技術者の中にも、哲学や技術論に関心を持つ人が多くいる。ただ、流行りの言葉に引きずられている印象論も多く、哲学的な首尾一貫性にあまり縛られずに言葉が使われていることもままある。いまここで重要なのは、技術とは何かをより深く考えて、いろいろな論点の結びつき方を考え直してみることである。それによって、技術と社会の関係において、多種多様な哲学的論点が思いもよらぬ形で結びついていることに気づくだろう。このような概念の地図を見た上で、現場での技術の実践を見直すことは必ず有効だと思われる。

工学倫理から技術哲学へ

この本は全体として新しいタイプの技術論となっている。その背景を、著者の個人的な経験・経歴を交えながら、少し説明しておきたい。

技術のことは技術者に訊くのが一番だろうと考えて、ここ二〇年、多くの技術者に取材したり、年に数回は研究会を開催し、技術者を中心とする人々と議論してきて、多くの教訓を得てきた。

私は理学部を卒業後、文学部に入り直して哲学研究者になった身であるので、実学というよりも虚学に近い分野に親しんできた。その意味で技術者の現場勘にはいつも感心させられている。

そして、工学という現実世界とは切り離せない知の体系に特有の考え方・ものの見方について考えてきた。二〇〇〇年頃からは、ものづくりに携わる技術者の「工学倫理」の研究を行い、いくつかの大学で十数年間授業を担当してきている。また、巨大事故が起こる原因やメカニズムの探究にも関心を持ち、資料を収集し、応用哲学会やSTS（科学技術社会論）学会をはじめとする人文社会系の学会でも発表を続け、同じ関心を持つ仲間も増やしてきた。

さて、もともとテクノロジーに対して社会は、法を含めた社会的規制を行って対応している。国による対応である。事故が起こると、それが酷いものであったり、生活感覚とかけ離れた結果が生じたりする場合には、社会的な反応が起き、その結果として社会制度などで対処することが多い。つまり、新しい規制などが作られることになる。道路交通法などは、その最たる例であろう。

我々の社会は法治主義である。技術が引き起こす問題（危険）を、法制度によって規制することが行われている。そして、この規制を概観すると、技術と社会の安定した関係を知ることができる。あらゆるリスクをその都度チェックするなら、普通に生活する時間も資源も足りなくなる。[2]もっと言えば、規制を守ることで、人工物のユーザーも製造者も、複雑な現代社会を何とか普通に生きることができている。

新しい技術に対して社会制度による補完が功を奏して、事故が減ってきた。電車のドアにベビーカーが挟まれる事故が起こると、駅員はそれに気をつけるように朝礼で知らされたり、「無理な乗り降りはしないでください」というアナウンスが流れたりする。またリコールの制度によって、現に動いている自動車、現に使っている製品は「大抵は」欠陥製品でないと思って使うことができる。

このように多くのトラブルは対症療法でそれなりに解決されている。ただ、その解決の背後にある哲学とか、人間観を取り出さないと、ただのパッチワーク、もぐら叩きになってしまう。

ソーシャル・アクシデント

さて、ここで本書のサブタイトルになっている「ソーシャル・アクシデント」とは何かを簡単に説明しておきたい。

先に述べたように、人工物自体がそもそも複雑系である上に、多くの人工物がネットワークでつながっていることによって、全体としても巨大な複雑系を形成している。それぞれの人工物の単独の欠陥が問題というよりも、人工物そのものがソーシャルな存在なのだ。従って、事故も個別の事象である以上に、相互作用・フィードバック（正負ともに）・輻輳に起因して巨大な事故を引き起こす可能性が以前よりはるかに大きくなったのが、現在の状況である。

また、この論点も繰り返しになるが、複雑な人工物は法的な規制を受けることが多く、その意味で社会的存在にもなっている。ということであれば、事故に対する取り組みもまた社会的なものとならざるを得ないだろう。その事態も含めて、私たちは「ソーシャル・アクシデント」の世界を生きていると言ってよいのではないかというのが、私の提言である。

さらに、機械のようなものを典型とする人工物を超えて、ここで近代の法が生み出した人工物である「法人」という存在が、ソーシャル・アクシデントの時代には、大きな役割を演じている。政府、企業といった組織が、自然人のように責任を負う存在として社会的に認められているからである。そうすると、単純には近代的な「責任」の概念では、もはや責任の所在を特定することはできない。

この時代理解が本書の基本にある。そして、様々な人工物の存在を容認して、その恩恵を享受するためには、社会と人工物と人間の関係性をもう一度考え直す必要がある。

まとめてみよう。複雑な人工物の出現によって、それを補完する社会制度ができあがってきた。それを踏まえて、その制度の基本にある人間観、倫理観がさらに別種の問題を生じているということを概観しようとしたのが、本書『事故の哲学　ソーシャル・アクシデントと技術倫理』である。人工物の事故を通して、その社会的影響を論じていこう。ここでの論点は、人工物を作る技術者にとっても、また人工物を使って生活をしている人にとっても、このような乖離を意識することが、技術を深く理解するために必要だということである。

人間の代わりに判断するＡＩ、生命現象を模倣するｉＰＳ細胞ができたから、科学技術に由来する社会が変化してきたと言われている。しかし実はそれ以前から――つまり、事故を起こし得る自動車が社会的に受容される時代の幕開けとともに、古くからの倫理が変容してきているのである。人工物とともに暮らす現代社会は、ロボットとの共生というＳＦの世界よりも、哲学的に考察すべき深い問題が存在しているのだ。

第一章

事故を考えるための技術論

1. 工学的認識に向けて

複雑な人工物の出現

我々は、例えば機械のような人工物を、単なる道具として使っていると信じている。つまり、人工物を自分のコントロール下に置いていると思っている。エレベータに乗る時は、自分の行きたい場所を目指して、八階のボタンを押す。この時、人は、エレベータを自分でコントロールしていると思っている。しかし、本当にそうなのか。今、人工物はどんどん複雑化している。複雑な機械は、機械が機械を制御している部分がほとんどである。

自動車でも、人は、自分が運転していると思っている。確かに私は、自分の筋力でハンドルを動かしている。だが、実際はパワステなどの補助装置の働きを通じて、自動車は運転者の思い通りに動くように作られている。そして今、ＡＢＳ（アンチロック・ブレーキ・システム。車輪のロックを防ぎ滑走発生を低減させる装置）やスタビリティ・コントロール（横すべり防止装置）など、運転者の技量を超えて機械（コンピュータも含む）が制御する比重がどんどん高まっている。

それでも、人は、自分が人工物を道具としてコントロールしていると言うことができるのだろうか。

ナイフのような単純な道具について考えてみよう。もし、そのナイフで誤って人を傷つけるようなことがあれば、その責任を負うのは、使用者であろう。誰も「ナイフ」に責任があるとは言い出さないはずだ。

だが、機械制御の比重が高い自動車で事故を起こした時、ナイフと同様、その責任は使用者（運転者）にあると言えるのだろうか。

人工物が単なる道具であれば、デカルト的世界のように、人間（精神）と「もの」をスパッときれいに分け、単純に使用者の責任を問うことができる。だが、人工物が複雑化した現在、人と「もの」との切り分けはできなくなっているようだ。もはや、人は、複雑な人工物を、単なる道具としてはコントロールできなくなってきている。

我々は自動車やスマホなど、様々な人工物に囲まれて暮らし、その恩恵にあずかっている。だが、その実、そういった人工物は、我々の世界に介入し、我々がごく当たり前だと思っていた人間関係、社会、制度、法律を、これまでの考え方では理解できないものへと変えている。ネット社会が、世の中を変えているといった言説はたくさんあるが、筆者がここで指摘している変貌は、そういった話とはほとんど関係がない。そして、それよりも深刻な問題をはらんでいる。それは、ネット社会のはるか以前から――つまりは、人間が自動車のような複雑な機械を作るようになってから始まっていると考えるべきなのだ。

複雑な人工物に関わる事故が発生しても、その原因も、責任のありかも不透明となる時代――「ソーシャル・アクシデント」の時代の幕開けだ。

科学的世界観の限界

ところで、人工物＝複雑な機械は、科学理論や法則といった抽象的な知識が物理的世界に実現したものと見なされることが多い。確かに、エンジンは、熱力学の理論が、具体化されたものであると見なすことができるし、そういった人工物は、あまたある。だが、人工物を科学的法則の具現化だとする考え方だけでは、複雑な人工物と、それが起こす「事故」を捉えることはできない。

科学技術は今現在も進歩しているが、事故はなくなっていない。

これまで科学は、様々な理論を構築してきた。つまり世界は、どんどん「解明」されてきている。しかし、それにもかかわらず様々な事故が起こり続けている。日食や月食の予測もでき、遠くで超新星が爆発したということまで解明することは可能なのに、技術の粋を尽くして作ったはずのスペースシャトル〈コロンビア〉は空中分解した。これは、いささか奇妙なことのように思える。

この奇妙さの根底には、「科学的世界観」と呼ぶべきものがある。技術、あるいは人工物について思考しようとする時、我々は、この科学的世界観が、自分自身の認識に強くつきまとっていることを意識すべきなのだ。

科学的世界観とは、この世に表れている、あるいは、隠れているすべての法則が分かれば、その因果関係が分かり、すべてをコントロールできるというものだ。数学的な比喩を使えば、初期値と微分方程式が与えられれば、世界に起こるすべてのことは予測が可能だというものである。ガリレオやニュートンは、この世界観を生み出した立役者である。

そして、そこにいわゆる「物理学帝国主義」が加わると、生物学は化学に還元され、さらに化学は物理学に還元されるものとされる。すると、結局は、物理学の素粒子論によって世界のすべてが理解できるということになる。こういう仕方で世界を客観的に分析することによって、自然世界を知り尽くそうというのが科学的認識論の究極にある。もし、ラプラスの魔[1]のような全知の存在がいれば、この世界から、すべての事故をなくすことも可能になるという考え方である。

だが、我々の生きている世界は、科学的世界観が描くような、単純で、合理的なものではない。ニュートンの法則は分かりやすい数式で表現可能な法則である。ものを投げると、放物線の軌道を通って落下することは、中学や高校のテストの単純な計算問題にもなっている。しかし、現実はそれほど単純ではない。第二次世界大戦中にコンピュータが作られたきっかけの一つは弾道計算だと言われる。つまり、発射した大砲の弾がどこに落ちるかをできるだけ速く正確に計算したいという要望に基づいていた。この現実の世界では、物体の落下を計算することさえ、容易ではないのだ。

科学的法則が分かり、初期値が分かっても将来を予測することは「実際上」無理である。そこで出てきた知見が「複雑性」というものである。

チェスを例に考えてみよう。

最初の盤面の状態は決まっている。つまり、初期値は分かった。コマの動かし方も決まったルールに従っている。チェスの世界では、いわば運動方程式はすべて分かっているのと同じである。すると、チェスの手を最後まで読みきるということが、世界の予測ができることに対応することになるだろう。ただ、可能なすべての手の数は莫大だ。最初の盤面から始めて、その後の勝負の行方を場合分けを基にして考えよう。私が端のコマを動かすとする。それに対して相手は、いくつかの手を考える。それぞれに可能な手が一〇個あったとする。これが交互に繰り返される。そして、ゲームはすべて一〇〇手で終わるというように極端に単純化してみよう。すると、すべての手は、一〇の一〇〇乗通りあることになる。

　この組み合わせの数の膨大さを一瞥しよう。三〇〇億年（ちなみに宇宙の年齢は一三八億年とされている）は一〇の一八乗秒ぐらいであるが、一秒に一〇〇億通りの可能性を辿ることのできるコンピュータがあるとする。このコンピュータを使っても、三〇〇億年で一〇の二八乗通りの可能性しか探索できない。それより一〇〇倍速いコンピュータでも一〇の三〇乗通りに過ぎない。つまり、初期値と法則が分かっても、そして、チェスという単純なモデルを取り上げても、すべてを計算し尽くすことはできない。[2] これを「組み合わせ爆発」という。

　現実の世界では、法則や初期値の確定でさえ容易ではないし、確定してもそこから先が極度に複雑になるために当然計算し尽くすのは不可能である。自動車は三万点の部品から成り立ち、アポロ13号は六〇〇万点の部品から成ると言われている。我々を取り巻く人工物は、組み合わせなどに基づく複雑性の問題を常にはらんでいる。

　この思考実験からは、次のことが帰結する。人工物の事故を考える上では、技術を単に科学的な視点から捉えるだけでは不十分である。問題は科学そのものにあるのではなく、複雑な人工物自体にあると考えるべきなのだ。

技術論の変遷

今、我々に必要なのは、人工物と、人工物が引き起こす事象（その一番の極端な例が「事故」である）を捉えることができる技術論である。そして、科学的世界観では、そのような技術論を構築できないことを確認した。

ここで、歴史上、技術論が、どのように技術＝テクノロジーを位置づけてきたかを概観しておこう。大まかに言って、それは三つの段階に分かれる。

最初の段階において、技術は、自然をコントロールするものとして捉えられた。

自然災害は古くから人間の手に負えないものとされてきた。だが、人間は、自然の巨大なエネルギーをコントロールしようとしてきた。河川は、時として、洪水を起こすが、同時に飲み水の供給源であり、農業に適した肥沃な土地も生み出す。河川から離れることができなかった人間は、洪水に対抗するために大規模な治水工事を行ってきた。こうして、大河には四大文明が生まれたが、この頃の技術とは、いわば、厳しい自然に対抗する、か弱い人間の知恵の塊であった。テクノロジーは「正義の味方」だったのだ。科学的世界観もまた、このような牧歌的な技術観から生み出されたものと見なせよう。

時は移り、産業革命の時代が到来すると、テクノロジーの主要舞台は、大きな自然エネルギーへの対抗という場面から、工場へと移行する。テクノロジーが、工場という大きなエネルギーを使うものを作り上げたのだ。そして、日本では、新たな技術論の構築がマルクス主義的な考えの下に進められてきた。

この第二の技術論がモデルにしたのは、フォードの生産システムだった。一九〇〇年初頭、フォードは自動車生産にベルトコンベアを導入し、自動車の大量生産を始めたが、このモデルを通して、労働問題、労災（事故）、経営管理という側面から技術を考えようとしたのだ。工場の中で、技術は労働問題の争点となったが、他方では、製品の大量生産に必要とされていた（松下幸之助の水道哲学）。ここにおいて、かつて「正義の味方」であったテクノロジーは、アンビヴァレントなものとして位置づけられたのである。

しかし、この第二の技術論も限界を迎えることになる。

経済学的観点を背景にしたこの技術論は、人工物を「商品」として捉える。そして、その商品の価値を、生産者が費やした労働量で測る。だが、問題なのは、単純だった人工物が複雑化し、工場の外へと出たことだ。ここにおいて、価値は工場労働者の労働量で換算するものではなく、最終的には使い勝手の良さを感じたり、トラブルを経験したりする消費者が評価することになる。しかも、そこには売買時には見えていない長期的な使用時の評価まで含まれる。これにより、人工物を考えるべきスパンも当然、延びることになる。第二の技術論は、商品の販売時に焦点を合わせ、工場内における設計と製造を考察対象としていたが、第三の技術論にはメンテナンスの問題も加えねばならなくなった。

製品はユーザーの所有物となる。そして、事故を起こすと、所有権が負債を生むことにもなる。人工物は商品の販売時の価値で評価されるというよりも、（メンテナンスも含む）使用中、使用後の価値がポイントとなる。しかも、この価値はユーザー、個人ごとに異なってくる。

こうした「事故」もまた、第二の技術論では捉えられなくなる。

第二の技術論は、「事故」「災害」の焦点を工場内に絞り、「労災」として捉えていた。だが、自動車事故を典型として、被害を受ける人の中心が、労働者から、工場の外に出た人工物を扱うユーザーや消費者に移ったことにより、第二の技術論の視野では理解できなくなったのだ。

今、我々が目を向けるべきなのは、工場内の技術ではなく、製品＝人工物そのものと、それが持つ複雑さである。そして、我々が今、必要としているのは、それを「見える化」するための認識論――第三の技術論だ。

工学の認識論

繰り返すが、科学に基づいた基本的な理論やデータがあっても、それによって将来のすべてを予測できない。我々が生きているのは、複雑な人工物に囲まれた複雑な世界だからだ。スペースシャトルや原発が事故を起こすのも、この「複雑性」と結びついている。ビッグバンは解明できても、一個の人工物の理解は容易ではない。

そうであるからこそ、人工物に対しては、科学的世界観とは異なった理解を深めることに大きな意義があると言える。その意味で、工学の哲学、工学の認識論[3]を考える必要が生じる。理学は法則という普遍的なルールを見つけ出すことを目指しているが、ものづくり——工学は、人工物を作ることを目指しているからだ。

工学は、三万点の部品を組み合わせて自動車を作る。「分析」「解析」により因果関係を明示化するのが科学的知識の姿だとするならば、部分や要素を「総合」するのが工学の知だ。

では、三万点の部品が生み出す「複雑性」に対して、工学はどのようにふるまうのか。

科学的知識は、法則など、その体系化が完璧に完成すれば、完全な知識となる（はずだ）。そうなれば将来の姿をすべて予測できるので、完全に安全な人工物ができあがるはずである。だが、この世界には「複雑性」が大なり小なり作用する。仮に知識の体系化が進んだとしても、完全な理論の完成には程遠いだろう。たった三万点の部品が生み出す「複雑性」を解き明かすことさえ、ほぼ不可能だと言っていい。当然、人工物が使用される気象環境といったものも日々変化している（複雑な相互作用）。

一方、工学的な知識は、情報量や情報処理能力の制約、時間や資金の制約の中で、できるだけ良いものを作るためのものである。木の物理的性質が完璧に分かってはいないにもかかわらず、日本では古くから木造家屋が建築されてきた。すると、ここでの安全は、確実な知に依拠するのではない。逆に、不完全な情報の下でも、それにうまく対処するということにある。三万点の部品が生み出す「複雑性」は、その全体を予測することはできず、局所的にしか把握できない。これを「限定合理性」というが、そのような条件の下で、限られた情報を総合して最適なものづくりを行おうとするのが工学の知だ。

理学が自然的世界を知る（know）ことを目指すのに対して、工学は新しいものを作ることによって、世界に働きかけよう（do）とする。知識の体系を作り上げることよりも、知識を「総合」して世界に働きかける「行為の知」が、設計の知、工学の知識なのだ。

価値という次元

科学的世界観に基づき、数学的最適化だけで人工物が作られるなら、一種類の「最適な」自動車しかできない、ということになるはずである。しかし、現実は違う。道行く自動車を見ても、様々なものが走っている。

技術と科学を比較すると、大きく違う点が三つ上げられる。一つは、技術にはクライアントがいるのに対して、科学にはクライアントがいないことである。もう一つは、技術の目的は、科学のように「いかにあるか」を「説明する」ことを追究することではなく、「いかにあるべきか」を「実行する」ことを追究することである。そして三つ目は、「いかにあるか」の科学の答えは、万人を納得させるものでなければならないから、究極的には一つに収斂せざるを得ないのに対して、「いかにあるべきか」の技術の答えは、幾通りもあり得るということである。[4]

土木技術者である栗原則夫は、科学と技術の違いを右記の三つのポイントにまとめ、クライアントの存在をその一つとしている。

クライアントには要望＝意図があり、そして、そこには「価値」がある。合理的、普遍的な「最適解」ではなく、この「価値」を実現するのが、工学、そしてエンジニアの役割となる。さらに、この「価値」もまた「複雑性」の中にある。クライアントは一人とは限らないし（消費者、公衆という複数形にもなる）、さらに、そこには設計者の意図も当然、絡んでくる。こう見ても、理系の計算だけでものづくりができないというのは、当然のことである。

2. 設計の知と工学者の倫理

制約とトレードオフ

人工物を理解するには、人工物を作る知——工学的な認識論が必要だ。人工物を作る知が、技術、そして人工物を考えるモデルとして取り上げられるべきである。

工学は部品を「総合」し、「限定合理性」の中で、最適な人工物の完成を目指す。その時、工学の

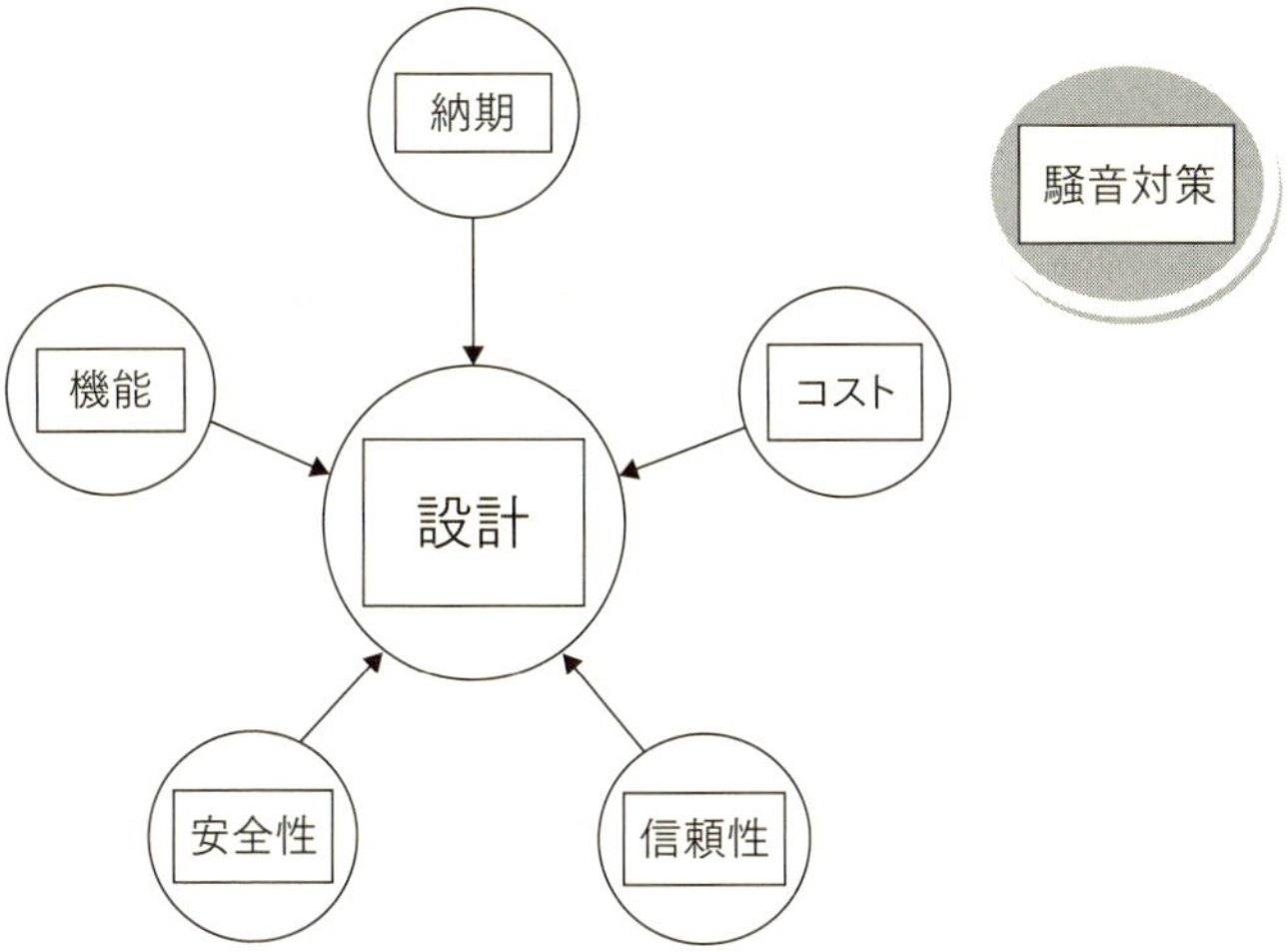

図1　設計のマンダラ
設計を中心に、外にあるのが制約条件である。多様な制約条件を按配して、設計が行われる。場合によっては、最初の時点では大きく考慮されていなかった制約条件（この図の場合は騒音対策）が、新たな制約条件として出てくることもある。

知識の中心になるのは「設計」である。設計の営為を自動車を例に概観してみよう。

自動車の製造には、機能、寸法、材質、コスト、保守、時間、安全性、信頼性などの多様な制約があり、設計はその制約を満たさねばならない（失敗学を提唱した畑村洋太郎が良く使う[5]いわゆるマンダラで表現するのが分かりやすい）（図1）。このそれぞれの制約条件は、何を重視するかを示す価値であり、それをどう満たすか、どの程度満たすかということが自動車の設計に関わる。その違いによって、多様な自動車が生まれることになる。

そして、具体的なひとまとまりの個物、人工物を作る。安全性について見るならば、横転、室内発火、衝突など、自動車のトラブルは様々だ。そこで、横転に対してはボディの剛性で対応し、発火についてはガソリンに火がつかないような仕組みを考え、衝突に対してはエアバッグなどでフロントガラスに体が突っ込まないようにと考える。もちろん、普通に、走り、止まり、曲がる機能も必要だ。設計者は、これらのすべての機能を、自動車というそれほど大きくない一個の機械で実現する必要がある。

だが、時として、一つの機能を求めると、他の機能を犠牲にしなければならないということが生じる。スピードの出る車は、燃料を多量に消費し、燃費が悪くなる。そこで、車の燃費を良くしようとしてボディの鉄板を薄くすると、重量が減って効果的である。しかし、それによって衝突安全性は悪くなる。つまり、燃費性能と安全性は、あちらを立てればこちらが立たずという関係にあり、相互に作用している。このような状況を、「トレードオフ」という。

自動車という信じられないほど多様な事故を起こし得る人工物に対しては、安全に関わるどの点を重視して車両を設計するかということは単純ではない。多様な安全のポイントにすべて応えるために設備を増やせば完璧な自動車ができると思う人もいるかもしれないが、それによって、乗用車の設計をしているのにバスぐらいの大きさになるかもしれない。その時、必要になるのが、このトレードオフという考え方である。

「トレードオフ」を、どのように扱うか——それが、設計のポイントとなる。

仮に、ある種の軽金属が開発され、燃費性能と安全性のトレードオフが解決できたとしよう。だが、軽金属を使うとコストが上がるかもしれないし、溶接などの加工性能の問題もあるかもしれない。つまり、いくつもの機能、制約は複雑に絡み合っている。時には、それぞれの機能を実現しようと使われた部品同士が、相互作用を起こし、トラブルとなるかもしれない。

このような複雑なトレードオフの関係を踏まえての設計は、なかなか簡単ではない。設計一〇年とよく言われるが、設計の仕事を始めて二〇年ぐらい経たなければ製品や構造物の設計はなかなか任せられないとも言われている。自動車設計においては、全体にわたる数学的な最適解など、あり得ないのだ。

割り切り

設計において、使える資源（資金量、納期、技術力など）は無限ではない。すると、あらゆる点に配慮することは実際的に不可能になる。

例えば、橋を設計するとしよう。

橋を掛ける地点の記録を調べ、観測史上の最大風速が秒速五〇メートルであれば、余裕を持って秒速八〇メートルに耐える橋を作るのは、なかなか納得のいく設計上の想定だと考えられる。しかし、可能性としては秒速一〇〇メートルとか二〇〇メートルがあり得ないとは言えない。ただ、ここまで極端な条件を満たす橋を作るとすると、信じられないほどのコストがかかることになってしまう。その意味で、設計者は、どこかで「割り切る」ことをしなければならない。[6]

仮に秒速二〇〇メートルに耐えられる橋を作ることができたとしよう。だが、それは風速に関わるリスクを考慮しているだけであり、あらゆるリスクに完璧な対応ができたと主張することはできない。橋の上で自動車事故が起こり、炎上するかもしれないし、液体水素を運んでいたり、硫酸を運んでいる自動車が橋げたに衝突するかもしれない。そうなれば、当然、橋の強度は弱まるだろう。これらを含めたあらゆる可能性とその影響を、設計者が予め詳細に考慮することは不可能だ。そして、何十年も使っていれば、様々な影響が多様に重なり合ってひどい結果を生むかもしれない。もちろん、経験を積むことによって、ある程度の予測は可能になるだろう。しかし、それでも限定合理的である設計者には「完全」な予測は不可能であり、「割り切り」を行って設計するしかない。このことは、明石海峡大橋でも、福島第一原発でも同じことが言える。

人工物に媒介された倫理

ものづくりを行う工学者は、事故を起こさない人工物を作ることが重要な役割だと考えられる。一般に、倫理的規範は、「人に迷惑をかけない」ということが基本である。科学者が論文を書く場合であれば、盗作をしない、データを捏造しない、というように、著作権に関して倫理的であるかどうかが問題になる。これは研究者倫理である。そして、エンジニアの場合、それは「事故を起こす人工物を作らない」というのが、まず基本となる。

だが、それは、我々が通常考えているような人間関係における倫理観から大きく乖離している。まずは、そのことを確認してみよう。

エンジニアはいわば「普通の人」とは違っている。まず、専門的な知識を持っている。だから、専門家の倫理[7]が問題になる。これを考える場合、古来からの専門家である医師や法律家に関する専門家倫理が参考になる。しかし、エンジニアの倫理は、医師や法律家のそれとは決定的に違うところがある。

医師や弁護士は、サービスを行う相手が目の前にいる。つまり、患者であり依頼人である。この場合、倫理規範は、患者や依頼人に対して「危害を加えない」ということがまず基本である。専門家は当然、素人よりも多量の深い知識を持っている。その知識を悪用して依頼人に不当なことをしないということが、専門家の倫理の基本である。「素人を騙さない」とも言い換えられる。すると、患者に対するインフォームド・コンセントを医師が行うことや、弁護士が依頼人に対立する人の依頼を受けるべきではないという利益相反の問題が、典型的な専門職の倫理問題となる。

それに対して、エンジニアは、人工物を作っている。そして、テレビのような人工物が、消費者が使っているうちに発火して火事を起こすことがある。エンジニアの「設計」行為によって作られた人工物は、他人に被害を与える可能性がある。

普通、倫理的問題は、対人関係、つまり他人に対する行為について言われており、「人」対「人」の、二項対立が前提となっている。これは、目の前に患者や依頼人がいる弁護士にも当てはまる（図2―1）。

ところが、設計という行為においては、作る人（エンジニア）と使う人（消費者）の間に人工物が介在している（図2―2）。ものづくりで作られた人工物が、事故やトラブルを通じて他人を傷つけることがある。その意味で、エンジニアは、通常の倫理関係が問題としている他人――つまり同僚といった「目の前」の人だけでなく、人工物を使う第三者を配慮して設計・製造しなければならない。人工物に媒介された行為という点が、他の専門家や、普通の人々とは違ったエンジニアの倫理のポイントである。第五章でさらに詳しく論じることになるが、人間関係の学問であった倫理学が、その基本要素として人工物に特に着目せざるを得ない時代になったのである。

歪みを見せ始める世界

だが、このような人工物が介在した倫理関係は、なかなか複雑な問題をはらんでいる。

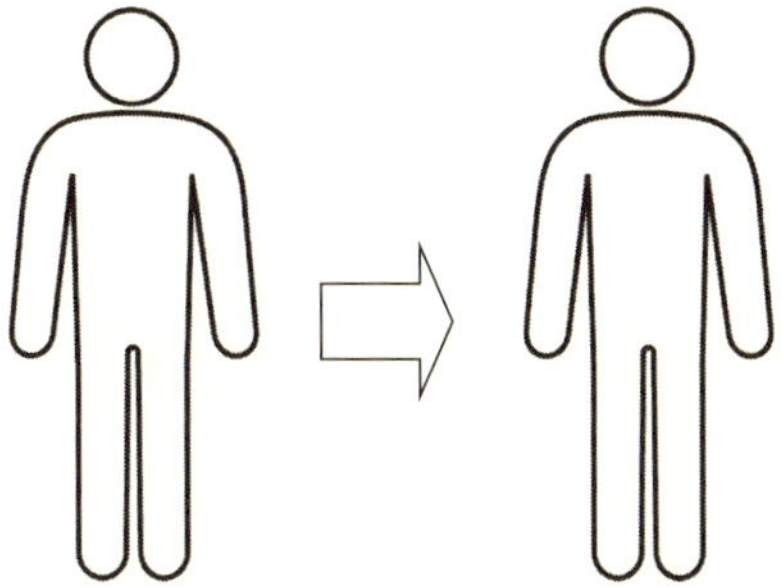

図2-1　倫理関係①
「人」対「人」の二項対立。

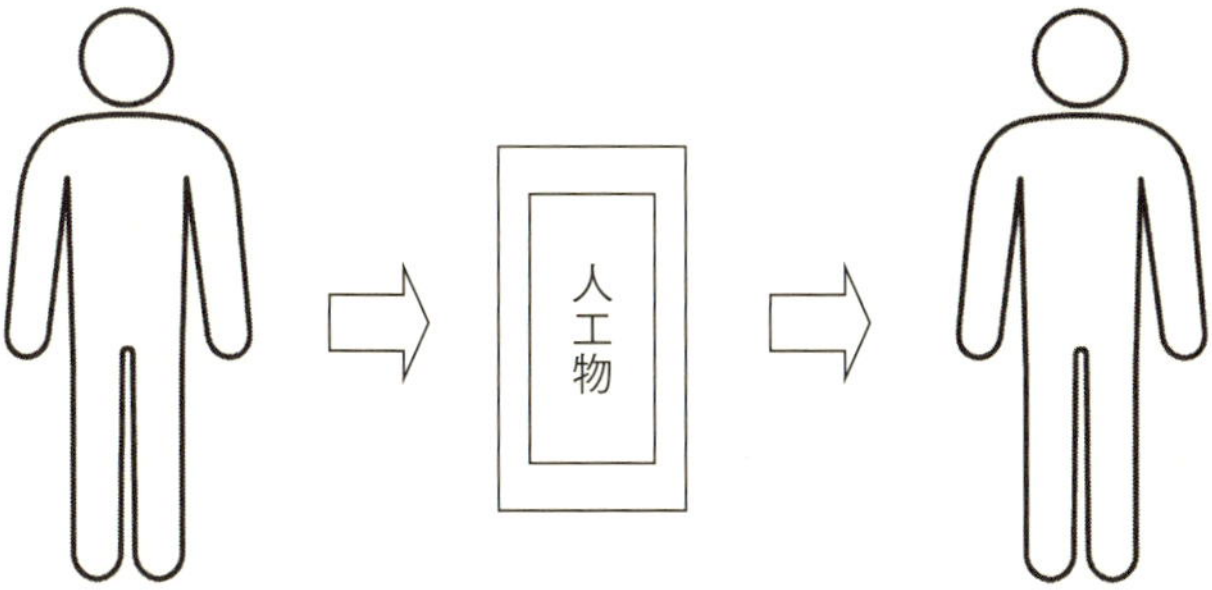

図2-2　倫理関係②
「作る人」と「使う人」の間に人工物が介在している。

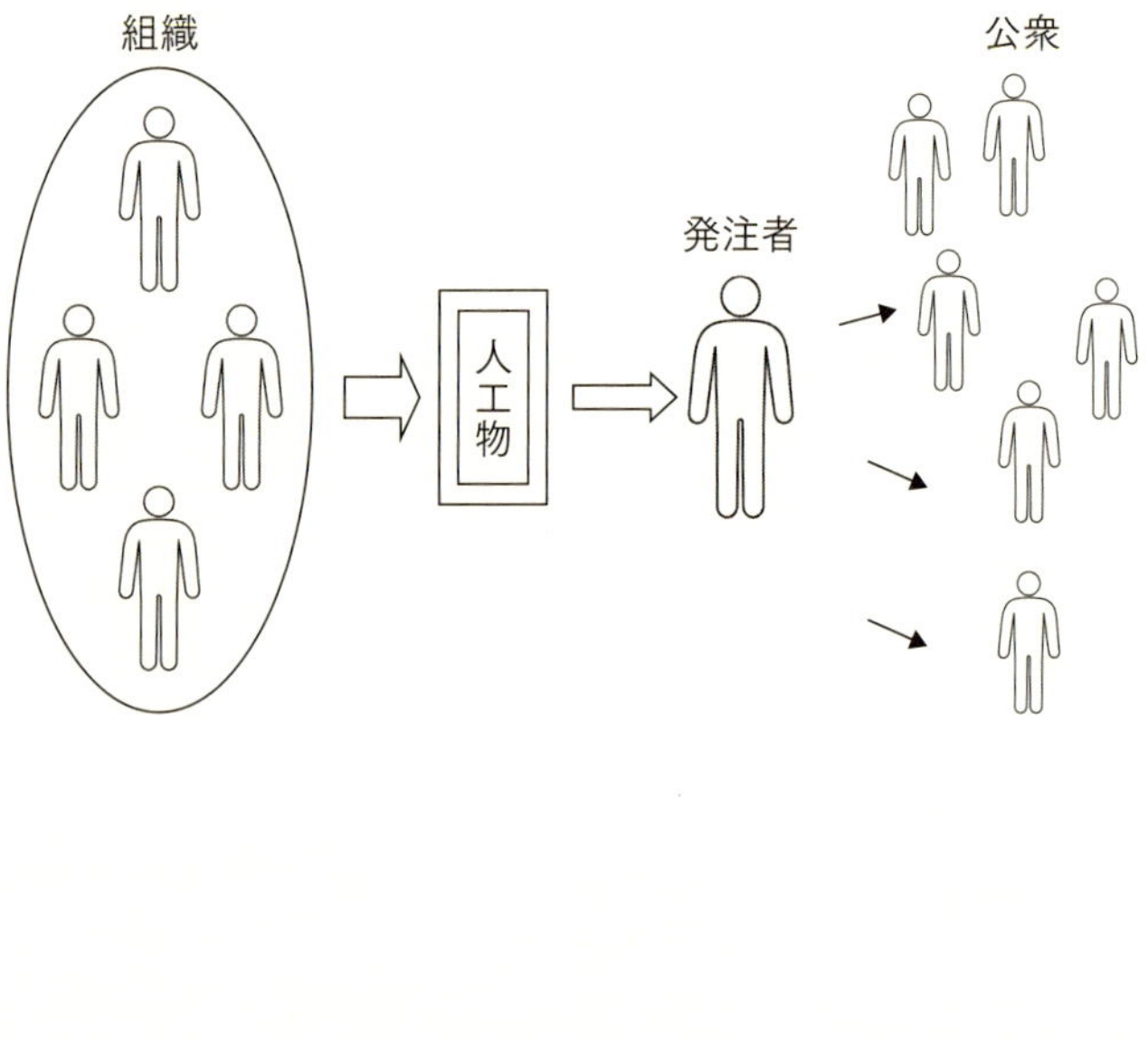

図2-3　倫理関係③
人工物が媒介する倫理関係②において、「作る人」が「組織」に属し、「使う人」が発注者に限られず多数存在し「公衆」となる場合には、「作る人」の倫理的行為は、単純に機能しない。

技術者が構造物を作ったとしよう。何年か経ち、そこから部品が落下して下を歩く人に怪我をさせるとする。エンジニアは、故意に他人を陥れようとしたわけではないのに、他人に迷惑をかけることになる。こうして、人工物を媒介して倫理的行為をするエンジニアは、対人関係の倫理とは違ったことを顧慮して行動することが要請される。これが「人工物に媒介された倫理」の一つの典型事例である。だが、果たして、この技術者は、設計時、その構造物の遠い将来を見通すことはできたのであろうか。この技術者に、どのような責任があるのだろうか。

さらに、エンジニアは、組織の中で働いているケースがほとんどである。そして、人工物の使用者が一人の個人ではなく公衆となる場合もある（図2—3）。この時、これまでの「人」対「人」の二項関係を前提とした倫理観では捉えられない問題が発生しよう。そして人工物をめぐる制度、法もまた、この倫理観を前提としているが故、様々な問題をはらむことになる。

人工物の世界では、「正しい」設計、安全を考慮した設計をしても、それが単純な仕方では、自発的な倫理的行為とならない。「他人を思いやる」ということが、常識的な理解から乖離する。この時、我々の知っている世界は、奇妙な歪みを見せることになろう。

この歪みを捉えるためには、これまで見てきたエンジニアの営為を通して、人工物そのものについて考えなければなるまい。

3. 価値としての人工物

設計者の意図

設計とは、機能、寸法、材質、コスト、保守、時間、安全性、信頼性などの多様な制約を按配する行為であることはすでに見た通りだ。ここで、重要なのは、これらの制約は「価値」と言い直すこともできるということだ。つまり、コストを大事にするとか、安全性を大事にするとか、機能を大事にするといったように、様々な制約=価値のうち、どれを重視しているかを設計は示すことになる。自動車設計において、科学的世界観に基づき、数学的な最適解を求めれば自動車の姿は一つに決まっていてもいいはずだが、そうはならない。実際、今でも自動車は何百種類も走っている。その理由は、この「価値」が多様であることに由来する。

一例として、自動ブレーキについて見てみよう。

スズキの自動ブレーキ機能「レーダーブレーキサポート」は、「お仕置きブレーキ」と呼ばれている。

仮にブレーキを少し優しくかけて〝使いやすい〟設計にすると、自動ブレーキに頼り過ぎる「過信」を生じさせて運転者自らがブレーキをかけない運転をする可能性がある。最小限の利用に抑えたいスズキは、そうした「過信」が生じる可能性を少しでも下げたかった。[8]

そのために、二度と自動ブレーキ機能を使いたくなくなるほど、つまり速度の減り方が不快と思えるほどの水準にブレーキを設定した。ホンダも自動ブレーキが介入する領域を最小にして、人間が制御する領域を最大化しようとしている。

それに対して、富士重工や日産では、速度の減り方がお仕置きレベルには至らない。強いブレーキが急にかかると運転者が驚き、そのために操作ミスをする可能性が増えるという考え方もある。それを避けようとしたのではないかと言われている。

このように、自動ブレーキにしても、何を重視するかがメーカーによって異なっている。こうして、人工物は「価値」の按配に基づいて、様々な姿となって現れることになる。そして、この「価値」の実現の仕方は、「設計意図」とも言い換えられよう。

だが、人工物のユーザーが、その意図を正しく読み取るとは限らない。椅子は、一般的には「座る」という行為を意図して作られている。設計者は、座り心地の良さや、仕事用、食事用など、様々な用途を考えて椅子を設計する。だが、実際、椅子は「踏み台にする」「(プロレスなどでは特に)投げつける」「鉢植えを置く」といった様々の使い方がされている。エンジニアが、使用者の行為、意図のすべてを予測し、コントロールするのは不可能である。このような状況下で、エンジニアは「人に迷惑をかけるかもしれない」人工物を作るという、厳しい倫理問題に直面する。

発注者の意図

人工物が設計されるのは、エンジニアの意図の下だけとは限らない。外部から設計要求が来ることもある。人工物の製造には、その多くに発注者がおり、設計者は、発注者の意図を実現することを目指さなければならない。

その一例として、ゼロ戦の設計について見てみよう。

発注者である海軍は、航続距離、スピード、空戦性能のすべてを高いレベルで満たす戦闘機を設計しろと堀越二郎を中心とする技術者たちに命じた。さて、これら三つの制約条件は、あちらを立てればこちらが立たず、というトレードオフの関係にある。これを解決したのは基本的に軽量化であり、構造材に穴をあけることなどによってそれを達成した。発注者には表立って関心を持たれていない制約条件を犠牲にすることで、技術者たちは当時としては優れた設計解を見出し、見事、発注者の要望に応えたのである。

だが、この華々しい設計事例は、二つの側面から問題を提示することになる。

一つは、設計者の観点からの安全性の問題である。

一般論としての設計の制約は、機能、構造、加工法、納期、信頼性など非常に多様であるが、最も重要なものとして安全性がある。しかし、極限まで進めた軽量化は安全のマージン（余裕）をほとんどなくしてしまった。少しでも金属の強度を上げようとすると、重くなり、海軍の要求は満たせなくなった。また、堀越二郎が後に述懐するように、開発時に防弾を施さなかったことは、制約条件の優先順位の問題だとされている。戦闘機の特性上、仕方がないのであり、海軍からの要求にもなかったとされている。しかし、そのために戦争が長期間続くと、熟練したパイロットが急激に減ってしまい、ゼロ戦の戦闘能力が発揮できなくなることが増えてきたと言われている。

もう一つの問題は、満たすべき要求が誰のものか、ということに関わる。つまり、海軍という発注者の要求を重視するあまり、エンドユーザーであるパイロットの存在を見落としてしまったことだ。技術者は、発注者の要求仕様を満たしたものを作り上げるが、実はエンドユーザーの隠れた要求も満たした人工物を設計しなければならない。この場合、エンドユーザーはパイロットであるが、パイロットの身の安全もまた、エンドユーザーの要求として本来大きな制約条件であったはずなのだ。

公衆への配慮

設計者は、発注者に対する配慮を超えて、第三者であるユーザー（ゼロ戦の場合はパイロット）をも配慮することが要請されるが、この「第三者」は時として、「公衆」という形で現れる。公共事業などで設計される橋や道路は、誰もがそれを使うが、この時、ユーザーは「公衆」となる。

一般的に、設計というのは、要求仕様に従って行われるが、それは、技術者やメーカーの要求や制約だけで行われるのではない。発注者＝ユーザーの要求が重要である。ただし、要求を行うのが一人の個人ではなくて、公衆だった場合には、その要求の確定は難しくなる。[9]

例えば、崖道にガードレールをつけることを考える。その道ではスピードを出す車が多く、年に

二、三台はガードレールを突き破って崖下に転落しているとすると、より強靱なガードレールを作ることが、安全性の拡大になるはずだ。これは公衆の要求に従うことにもなっている。

しかし、強靱なガードレールに跳ね返された車が、反対車線を走ってきた安全運転のファミリーカーと衝突して、大怪我を負わせる可能性もある。

この場合、安全性の拡大という要求は、公衆のものとして捉えがたくなる。スピード違反をしている可能性の大きい、ガードレールに衝突していく車のドライバーの要求がポイントなのか、それとも、安全運転をしているファミリーの要求がポイントなのか、設計者は迷うことになる。しかも、この二つの要望は、それに相当する事故が実際に起こった時にのみ、焦点が当たる。また、人は、通常、ガードレールにほとんど関心を持っていない。

興味深いのは、これらはすべて可能性であることだ。そして、ガードレールは、多くの人の要望を何らかの仕方で満たしたものとして存在している。

少なくとも、各人の価値観が違っているために、公衆の要望に従う設計は非常に困難である。誰でも使える機械には、誰もが文句を言えるので、多様な要望が、無数に現れる。また仮に、公衆の要望が一つに統一されていたとしても、制約間のトレードオフは生じるし、要望が複数あれば、その決定はさらに難しくなる。

「評価」という問題

人工物は、要望――すなわち価値を実現したものであることは理解してもらえたと思う。一〇〇円均一で売っている小物も、誰かの要望を満たすと思われたものであり、私の体に合ったスーツを新調しようとオーダーメイドで頼む場合にも、できあがった人工物は私の要望に応えたものとなる。だが、人工物の価値は、つぶさに見れば、様々な要求が複雑に絡み合った上で形成されている。その時、この人工物の価値は、誰がどのように評価するのであろうか。

科学研究であれば、専門家により「客観的」「中立的」に評価されよう。学術論文は、ピア・レヴューという仕方で、同僚がその論文の価値を評価することになっている。学問的な共通基盤を持つ同僚によって、提出された論文が、その分野の論証過程に従っているかどうかが判断され、証拠やデータの扱いがその分野で認められているものであるかどうかが評価される。この評価は、素人にとってはあまりにも詳細で複雑であるために、単純に関与することはできない。そのため、論文のデータ捏造は、同僚が見破るしかない。

だが、ここで「客観的」「中立的」を疑問視する声は出るかもしれない。もちろん、あらゆる利害を離れることは誰にもできない。国、企業から補助金が出ている純粋科学の研究活動もあり、何らかの利害、誰かの要望が関与しているとは言える。ただ、提示された自然科学の成果が再現可能であるという点で、政治的に大きく捻じ曲げられているとは言えない結果を提示できる。科学の評価においては、こういう客観性が担保されている。

だが、人工物の評価は、これとは異なっている。

家を建てる場合を考えてみよう。

発注者が日当たりのよい部屋を望んだ場合でも、いくつかの制約がトレードオフの関係にある。その上でものづくりがされるなら、要望項目間の調整、様々な制約項目間の調整が重要になり、当然、この時にできあがる家＝人工物の価値は、複合的で複雑なものとなる。だが、科学とは異なり、この価値を評価するのは専門家だけではない。建築の専門家が良いという評価をするのとはある程度独立に、発注者もまた、その人工物を評価する。

おそらく、人工物が物理的存在であるために、専門家でない素人でも何らかの理解が可能となっている。[10] 実際、住居の場合、雨漏りがしたり、外の騒音が聞こえたりといったトラブルが生じると、その被害を受けるのは、「客観的」「中立的」な専門家ではなく、発注者、利用者自身である。その意味で、ものづくりでは、専門的知識はなくても、消費者が究極の審判となる。[11]

このことは、裏を返せば、専門的知識がなくとも、消費者が人工物を使用できるということも示している。科学理論、例えば相対性理論などは、意識的に理解しなければ誰も使えない。勉強し、専門的な知識を得た上で初めて分かるものだ。だが、テレビという人工物は、どのような原理で映っているかを理解することなしに、消費者は見ることができる。

人工物は、高度な専門的知識をもって作られることが多いにもかかわらず、ユーザーは専門的知識を持たずにそれを評価するということになるという奇妙な特徴がある。作る側と使う側の情報量の格差があっても人工物の使用においては、その格差は単純に使う側の行動や評価を制限しないのである。

4. 個物としての人工物

人工物最大の特徴——物理的存在

人工物はアイデアから生まれる。そのアイデアを実現化したものが人工物となる。だが、人工物はアイデアとは異なる。アイデア＝思想は、構成物であり、ある意味で語り尽くせるものであるが、人工物は物理的な存在であり、そのすべての特徴を語り尽くすことができない。つまり、必然的に未知の部分を含んでいる。人工物の価値、意図、使用法を正しく理解していたとしても、実際に使用する際には、トラブルが起きることがある。

しかも、物理的存在であるために、人工物は、自然の影響、他者による影響を受ける。たとえば自動車は、修理やメンテナンス、ガソリンの給油を受けるといったことで、人間が及ぼした影響が残ることになる。スイッチであれば、一〇万回、オン・オフを繰り返しても問題がなかったものが、一〇万一回目で故障することもある。もし、この一〇万一回目の故障が原因で事故が起きたとしたならば、その一〇万一回目にスイッチを押した人が、事故の責任を負うことになるのだろうか——人工物の世界では、こういう問題が起こることになる。

理学的に真なる命題を作るということと、工学的に人工物という個物、物体を作るということは大きく異なっていることを改めて認識しよう。おそらく、我々が生きている社会において、アイデア＝思想と、物理的存在である人工物の違いは、「責任」という問題に一番、現れる。核物理学の研究者の責任と、核爆弾を作った人の責任は違う。自動車のアイデアを最初に持った人の責任と、事故を起こした自動車を作った人、運転した人の責任は違う。つまり、人工物の事故には具体的な被害者がおり、損害賠償が求められることになる。[12] 物理的存在であるということがポイントとなるのだ。

個物への対応

違う見方をすれば、物理的存在である人工物は、個物とも言える。それは、大量生産されている人工物についても言える。

例えば、自動車のカローラが大量生産される場合、それは、ある型式証明を受け、生産ラインが指定されて作られた「種」として捉えられている。そして再現可能性をある程度、前提とできるために、製造のシステムがしっかりしていれば同種の人工物が生産されることになる。もちろん、実際上は、製造過程が完璧ではないため、製造ミスによる回収が時としては起こっている。だが、品質管理を通じて統計的揺らぎを減らそうとするのが生産技術というものだ。結果、消費者はすべてのカローラを同じものと考えることになる。

だが、詳細に見ると、同じ設計に基づけば、完全に同じ「もの」が製造できるということは、保証することができない。製造工程で、加工精度も検査精度も関わるために、数学的に同一と言えるものは作れはしない。そして、このような小さな差異が長年使うことによって大きなトラブルの原因になることもある。部品について見ても、実際、実用的な精度の下に、同じものを作ることが容易ではないということは、大量生産されたピストルの部品の互換性が可能になったのが、そんなに昔ではないことからも分かる。[13] しかも、銃弾の線条痕から（大量生産されているはずの）ピストルの個体識別をすることができているのである。

さて、カローラの個別性について述べてはみたが、一般的に見れば、その個別性は強調するほどではないと思われる人もいるだろう。だが、仮に完璧に同じカローラがあったとしても、時間的経過の中で、カローラは個物化する。物理的存在である人工物は、必ず劣化するからだ。使用する環境が違えば、当然、疲弊の質も違ってくるし、また受けるメンテナンスによっても個体差が必ず生じる。極端な話、跳ねあげた小石がボンネットに当たることによってさえ差異は生じるし、その小さな差異がやがて拡大し、大きな事故に発展する可能性も否めない。

個物的存在である人工物は、その安全性への対応も、個別性が基本となる。例えば、目の前に階段があるとすれば、それに対する安全策は、他の階段と同じものになるとは限らない。仮に、ある階段の一段が高さ二〇センチであり、それが原因で事故が起きているのなら、「この色のシールを、このように段差が目につくように貼る」といった対応をとる。だが、この対応が、他の階段、つまりは階段一般でも有効であるとは限らない。個体としての人工物の安全性の向上は考えることは可能だが、一般論としての安全の向上について語るのは、多様な条件をどう考慮するかということと関わって、非常に難しいのである。

飛行機について見ても、長年使いこんでくると、その飛行機が経験してきた天候や操縦、メンテナンスによって個物化する。実際、飛行機のメンテナンスにおいては、同じ型の飛行機ではあっても、個別的な対応が行われている。この場合、整備士はボーイング747の担当だというよりも、「この機番の飛行機の担当」ということになる。こういった対応によって、担当者は、複雑な機構の全体についても、個別の詳細についても、理解できるようになるわけだ。[14]かかりつけ医がいるのと似ている。個物がはらむ複雑性に実際にどう対処するかの工夫がここにはある。

メンテナンスと人工物の「意図」

人工物は物理的存在であり、経年劣化を受ける。とすれば、メンテナンスの重要性は特記すべきだろう。持続可能な社会を作るためにも、フロー――つまり、石油などの希少資源だけでなく、ストックにも注目し、人工物のメンテナンスも考えていく必要がある。人工物を単純に廃棄して終わり、というように簡単に片づけられないのが現在という時代である。その意味で、老いたテクノロジーとの共生は常に必要だ。

だが、ここで、人工物が価値であり、意図を実現したものだという問題が絡んでくる。

人工物は、物理的存在として我々の周りに存在する。そして、時間の流れとともに劣化していく。

何十年前にも作られた橋や水道管、道路やビルは数え切れぬほどある。そして、それは自然物と違って、何らかの設計者の意図の下に作られている。

だが、今現在、そういった古い人工物の意図を理解することはできるのだろうか。[15]何回もメンテナンスが入った人工物であれば、複数の業者の手が入ることもあるので、そもそもの意図が見えにくくなっている場合もあるだろう。仮に設計図があったにせよ、他人が設計したものに手を加えることは簡単ではないし、水道管や下水道などでは現場でトラブル対応が行われることもあり、設計図（施工図）そのものが残っていないこともある。一方で、人工物を作る時に様々な形で使用されているネジは重要な部品だが、ネジの専門家は少なくなっており、その知識、技術の伝承が問題となっている。こうなってくると、既存の人工物のメンテナンスは益々困難になっていく。

よいメンテナンスを実現するためには、知識・技術の伝承を踏まえた、長期にわたるシステマティックな制度的基盤が必要となろう。設計者の意図は、人工物として多様に、かつ広範囲に存在している。通常、持続可能性に関しては、将来の世代だけが注目されている。しかしながら、過ぎ去った世代の作り出した人工物にも意図が体現されていることも考慮すべきではないか。その意図を無視して新たに世界を開くのは単純には無理だろう。この世界に存在する人工物は、新旧を問わず、その意図を持ち、物理的存在として我々に影響を与え続けるのである。

このようにして、我々は、たくさんの人工物＝意図に取り囲まれて生きている。その時、社会においては、これらの意図を秩序立て、取りまとめる必要が生じよう。この時、目的や意図にはヒエラルキーがあり、上の階層にあるものだけが、哲学的には重要だと考えることもできるかもしれない。だが、実際には、あらゆる意図はヒエラルキーなどに関係がないまま相互に影響を及ぼしあい、複雑に絡み合っている。昨今優勢な「環境」「安全」「コスト」などの価値や目的をヒエラルキーの上層に置いたとしても、秩序立った枠組みをうまい具合にはまとめられない。

ある大きな意図——ある特定の誰かの意図がすべてをコントロールしているという、ある種の陰謀論[16]が成立することは、人工物の世界では、まず、あり得ない。手塚治虫の『火の鳥 未来編』で描かれている、巨大電子頭脳に監視・支配された世界でさえも、国家が複数存在したまま統一されておらず、核戦争という帰結を迎える。ただ、ここでのポイントは、あらゆる複雑な人工物は、実はコントロールできない存在だということなのだ。「もの」なのだから、そして人間が作ったのだから、そのすべてをコントロールできる、という考えは、不可能な主張なのだ。いろいろな場面でコントロールを逸脱すること、それによって生じる多様性と混乱、そしてその中での持続可能性こそが、人工物の世界では問題になるのだ。

人間を制約する人工物

ところで人工物は、物理的存在であるが故、時として人を制約することがある。[17]

入ってほしくない所に柵を設ければ、物理的にあからさまに人間の行動に制約を加えることになる。これよりも洗練された制約の仕方もある。「立ち入り禁止」という立札を立てることである。

「ゆりかもめ」の新型車両の座席は、座る面が膝側に向かって九度、上向きになっている。これによって、座った人は自然にかかとを引く姿勢になるという。混み合う車内で足を投げ出して座るマナー違反を、設計によって制御しようとしたのである。[18]「足を投げ出して座らないでください」という貼り紙によって、個人の意思、モラルに依存した行為変容を求めるのでない。そして、この設計によって子供でも行儀の悪い人でも、同じ仕方で強制的にマナーを守らせることができる。こうして技術者、もしくは技術者に要求を提示した発注者は、見知らぬ多くの人に対して、モラルに反しない行動を、マイルドな仕方で強制できるのである。[19]

もう一つ例を挙げよう。汚れのひどかった和式の公衆トイレにおいて、どのように問題解決をしていったかという事例を取り上げる。[20]いわば品質管理手法の利用である。「前につめてください」という貼り紙をすると、汚れることは少し減った（ルールの提示である）。次に、所定の位置に足形を描いた。そうすると、ついつい足を乗せたくなって、さらに汚れが減ってきた。さらに、所定の位置にブロックを置いた。これによって、所定の位置に足を置かないと排便ができなくなり、汚れは非常に減った（清掃人にとってはどれが良いかは明らかである）。さらに、予期せぬ効果ではあったが、床が濡れていても、靴下まで濡れることはなくなった。

これは、人工物が物理的制約を使って、人間をコントロールしているということだとも捉えられる。[21]つまり、エンジニアは、設計を通じて、人間の自由に制約を加えることができる。ただ、ユーザーは、その設計意図をはっきり理解しているとは限らない。

設計意図に従って人間が規制されることもある。また、設計意図にはない作用や効果——つまり副作用によって、人工物を使う人間が規制を受けてしまうこともある。城下町では、敵の進軍を困難にするために、道が入り組んでいる場合があるが、そのために、現在そこに住んでいる人にとって、駅へつながる道が遠回りになっていることは、その一例と言えよう。

設計者は、意図していようがいまいが、人工物が人の自由というものに影響を及ぼす可能性がある。ここで、ことさらに「自由」を取り上げるのは、近代人の「自由意志」が、近代社会の基礎の重要な条件だからに他ならない。

ところで、人を制約するものに法的ルールがあるが、法律であれば、基本的には国会で公開の議論を行って、その多数の意思による決定に基づいて決められる。それに対して、人工物を作ることは、慣習の決まり方に似てくる。根拠が必ずしも示されるわけではなく、消費者の都合、または発注者の都合で何らかの設計製造が行われたら、その後はその物理的制約に従って使うしかない。インフラなどでは、（公的機関としての）発注者の要件はそれなりの根拠は持つにしても、そこで作られたものは、城下町の例でふれたように、後の時代の人々には別の機能も持ったものとして現れる[22]（慣習に比べて、人工物は個人や企業がルールを作り、それによって他人をコントロールするという側面が大きい。サイバー空間ではそれが顕著である。もちろん、日曜大工で作られた椅子は、それを使う人を制約するとも言える）。

法は意図的に作られるものであり、個別的な法同士の整合性も確保されようとする。もちろん、人工物は標準化も行われているが、多くの人工物が周りにあるという環境は、中央集権的にコントロールできるものとは、なかなかならない[23]。家の設計者、家電の設計者、自動車の設計者はそれぞれ異なる。しかも、古くからの人工物も新しくできた人工物も混在した中に、我々は住んでいるのである。

一貫性のない、自由に対する多様な制限が、いたるところに出現している。

コミュニケーションの困難さ

人工物の価値を評価する究極の存在が、専門知識を持たないユーザーであることはすでに記した。だが、人工物は、設計的な「価値」の体現であると同時に、科学技術をも体現している。後者に焦点を合わせて考えると、ある程度は、難しい科学をかみ砕いてユーザーに説明することが必要となる。そして、そのようにして伝えられる情報の有無が、ユーザーの安全度を左右することもある。

だが、専門家（技術者、メーカー）と素人（消費者、ユーザー）との知識伝達、コミュニケーションには、いくつか特異性がある。両者の間に、物理的存在である人工物が介在しているからだ。

例えば、環境リスクの住民説明会や大学での講義であれば、難しいことを分かりやすく説明するということが一つのポイントとなるが、それだけでは不十分である。相手が理解し、納得できるようなコミュニケーション方法もポイントとなる。しかし、人工物が介在している場合、問題は少し変わる。

製品＝人工物についている取扱説明書や警告表示について考えてみよう。これが詳細に間違いなく書かれていれば、後は製品を使うユーザーの責任になるであろう。科学技術が体現されている人工物を普通の生活で使うためには、このような説明書が必要とされることになる。

だが、人工物は物理的存在である。人工物を作った専門家が、ユーザーの具体的で個別的な使用場面に合わせて解説をするようなことは難しい。人間同士のコミュニケーションなら、「納得する」といった心理的言い回しができることもあろう。しかし、大量生産物の場合、いちいち技術者が個人的に説明に回ることは不可能だ。そのために警告表示があり、マニュアルが添付されているわけだが、それをうまく機能させることは難しい。そういった事情を反映してのことだろうが、「日本マニュアルコンテスト」というものがあり、優れたマニュアルを顕彰している。

また、設備やインフラは、長期的に使用される。そして、管理者やエンドユーザーが交代することも多い。この場合にも、以前に作られたマニュアルによって、技術に関わる知識伝達を行わざるを得ない[24]。だが、マニュアルだけでは、なかなか人は「納得」しないだろう。

ここでもう一度、エンジニアと医師の違いについて述べてみよう。エンジニアと同様、医師もまた専門職であるが、医師が専門的知識を患者に伝える時、このような問題は起こるまい。

医師がインフォームド・コンセントを行う場合、患者に医療行為のリスクを説明した上で、患者の自己決定にゆだねる。この時、医師は患者と対面しているということが、患者が「納得する」上で有利に働いている。乳がんの患者に、乳房を切除するのか、体に負担のかかる抗がん剤治療をするのかを決定させるといった場合は、治癒の可能性や時間、支払う金額、どのような「痛み」に耐えうるかなど、様々なことがあるため、患者にとって決断しにくい問題とはなるだろう。しかし、それでも最終的には患者本人の決断が、正解だと考えることができる。

だが、エンジニアは医師とは違う。ユーザーとの間に人工物が介在しており、人工物を媒介として不特定多数に対して働きかけている。そういった複雑、かつ奇妙な関係の中で、エンジニアは倫理的問題を問われている。

5. 複雑化する人工物と責任の所在

事故原因が解明できない人工物

人工物は、価値を体現する物理的存在である。そのような存在が原因となって事故が起きる時、具体的な被害が生じ、「責任」の所在が問われることになる。

しかも、時代とともに人工物は複雑化している。そして、それとともに、その操作もまた容易ではなくなっている。大きな船は一人で操縦することができないし、ユーザーが電化製品の使用法を誤る場合もある。そして時には、その人工物の複雑さ故、原因が特定できない事故が起きることもある。

人工物が単純であれば、「責任」を負うのは使用者であった。医師がメスを使って手術に失敗した場合、メスの製造者が責任を問われることはなかった。だが、人工物が複雑化した現在、その人工物を作った者の責任が問われることがある。このことを実際に起きた事故を通して見てみよう。

一九八八年、大阪市で、ある建設会社の事務所が全焼するという火災事故が起きたが、その火元はカラーテレビだった。もちろん、エンジニアは、テレビが発火しないように設計しているはずだし、製造企業も、工程において安全性を考慮し、検査しているはずだ。だが、そのテレビが発火したのだ。どのような欠陥があり、どのような経緯で発火したのか調査されたが、原因を確認することはできなかった。

ここで、当然、責任の所在が問題となる。責任は、テレビを設計したエンジニアや製造した企業にあるのか。だが、発火原因は不明であり、製品に欠陥があったとは立証されていない。もしかしたら、ユーザーであった建設会社が、使用法を誤っていた可能性もある。

裁判所が下した判決は、製造者に過失があるとするものだった。その製品の発火原因は「不明である」としながらも、テレビが合理的使用中に発火することは危険であるから、この製品には「欠陥」があると言うべきであり、そうであれば、製造者の「過失」がある、というのがその判決理由だった。

テレビのようなありふれた人工物でさえ、事故の原因は分からなかった。もっと複雑な人工物であれば、事故が起きた時、その原因の究明はさらに困難となる。そして、究明できない場合には、エンジニア、企業が責任を負うことがあるのだ。

この判例は、その七年後に施行された製造物責任法（ＰＬ法）の理念を先取りしたものとして知られている。

製造物責任法

製造物責任（Product Liability）とは、「製品の欠陥が原因で、消費者が身体・生命・財産上の損害を被った場合に、その製品の製造者（供給者・販売者）が被害者に対して負わなければならない賠償責任」である。

この法は、複雑化した人工物により生じた世界を背景に制定されたものとして見ることができる。そのポイントをいくつか挙げてみよう。

①ユーザーの保護

人工物の「価値」を最終的に評価するのは専門家ではなく、ユーザー＝消費者である。その意味で、ユーザーは人工物の設計に強い影響力を持っている。だが、それと同時に、専門知識を持たない存在であり、ユーザーが複雑な人工物の安全性をチェックすることは困難である。[25] 従って、ユーザーは、製造者が安全性を確保してくれているものと信じて、購入するしかない。この意味で、ユーザーの保護の必要が生まれる。

②過失責任から無過失責任へ

ユーザーが製造者に損害賠償を求める場合、原則的には製造者の「過失」（不注意・注意義務違反）を証明しなければならないが、専門知識がないユーザーが、製造現場のどこで製造者の不注意があったかを調べることは無理に等しい。従って、「過失」が証明できない場合でも、人工物に欠陥があり（大阪のテレビ発火では、その原因が不明であっても「欠陥」があるとされている）、その欠陥により損害が生じたことが証明できれば、[26]損害賠償を求めることが可能となる。このような、過失の有無を問わず製造者に責任を負わせる考え方は、「無過失責任」と呼ばれている。

③欠陥の三類型

製造物責任法の裁判では、欠陥は、「製造上の欠陥」「設計上の欠陥」および「警告・表示上の欠陥」の三類型に分けられ、この類型ごとに欠陥の有無に関する判断が示されている。ちなみに、一九六〇年代のアメリカでは、「製造上の欠陥」に焦点が当たることによって、無過失責任が強調されてきた。ただ、第四章でも詳しく述べるが、最近では「設計上の欠陥」と「警告・表示上の欠陥」は、過失責任と位置づけられるようになってきた。

この法律は、複雑な人工物が存在することで、社会に必要になった法律である。[27]被害者救済という観点からは、その必要性は理解できる。しかし、これまで我々が知っていた人間関係のルールとは少し異質な部分を含んでいると言えるだろう。

不透明化する責任

人工物は、人と人の間、人間の世界に介入し、複雑化していくことで、責任のあり方を不透明にしていく。

人工物は価値であり、意図である。だが、座ることを意図して作られた椅子が、踏み台として使われて事故が起きた時、その責任は誰にあるのか。製造者責任法では、「通常予見される使用形態」において安全性がない製品を「欠陥」としている。だが、エンジニアが使用者の行為をすべて予測するのは不可能であり、すべてのユーザーの「通常」を理解するのも難しい。ある意図をもって一つの人工物を手にしたユーザーが、数年後もその人工物を同じ意図で使用しているとは限らないし、時代の変化などにより使い方が変化することもあり得る。心変わり、気まぐれをも含め、ユーザーの意図の少なからぬ部分を予測することは難しい。いわば、通常の人間関係において、過大な忖度が押しつけられているようなものだ。

さて、人工物は物理的存在であり、それ故、当然劣化する。屋根であれば、家を建てて二〇年もすると雨漏りがしてくるかもしれない。人工物を作ったエンジニアは、いつまで責任を持つことになるのか。もし、二〇年も先には行為の責任を負わなくてもいいとすると、行為の責任が時間とともに減衰することになる。一〇〇年以上も経つと、所有者の責任だけが残るかもしれない。すると、この時、人工物は自然物と同じ位置づけになる。

患者に対して医師が直接に行為をする場合には、このような時間経過に由来する問題はほぼ生じない。それに対して人工物に媒介される行為は、人工物そのものの時間的性質と連動して、倫理的な判断が下されるかもしれない。万里の長城に観光に行った人が、石壁の崩壊で怪我をした場合、秦の始皇帝に究極の責任があると言うのだろうか。

そして、物理的存在である人工物には多数の人間が関与し、その人間の影響を受けている。自動車を考えてみても、整備士、ドライバー、ガソリンスタンドの店員、製造エンジニア、設計者、その他大勢が関与している。もし、ドライバーの不注意ではなく、技術的なトラブルが原因で事故が起きたとしても、その責任者は誰になるのだろうか。多くの人が関与している場合、責任者を探すのは本来的に難しい。

このような状況下でも、製造物責任法により、製造メーカーには、過失の有無を問わない「無過失責任」が課されるようになってきた。

「事故を起こす人工物を作らない」というのがエンジニアの倫理の基本である。わざと事故を起こそうと設計している技術者はいないだろう。事故において、技術者の故意が倫理的責任として問われることはまずあるまい。しかし、製造物責任法がある現在、エンジニアの負担は、（法律実務では極端な責任を課されることは少なくなってきたにしろ）あまりにも大きいと言わざるを得まい。

この問題を考える上でも、エンジニアの安全への取り組み、そして、エンジニアが安全性をどこまで考えられるかという臨界点を見極める必要があるだろう。その時、人工物の世界で安全性を確保するためには、「技術」が、「制度」「組織」によって補完されなければならないということが分かるはずだ。

ソーシャル・アクシデントの時代には、人工物を社会全体で取り扱うことが不可欠になる。人工物を取り巻く社会環境（法・制度・組織）の整備がなければ、私たちは人工物と共存し、それをうまく利用することはできないのだ。

ある意味、「制度」「組織」は、事故やトラブルに対処するための「道具」とも見なせる。自動車の交通環境に問題が起これば、我々は「制度」を道具とし、国などを動かして道路の整備といったことを行うことができる。「制度」「組織」による補完は、安全上、不可欠なものだ。

だが、人工物の複雑化は、この補完のあり方さえも変容させる。この時、「組織」も「制度」も、単純な「道具」とは見なしがたい姿を現すことになろう。

第二章

安全は科学を超える

1. 安全の考え方

補完しあう四つの方法

ここまで我々は、複雑な人工物の特性を見てきた。そして、その「複雑性」に対し、「限定合理的」であるエンジニアの倫理とは、「人工物に媒介された」倫理であり、その中でエンジニアは、「事故を起こす人工物を作らない」という原則に従い、ものづくりをしていることも見てきた。

だが、「複雑性」を前にして、どれほどエンジニアが倫理的にものづくりを行ったとしても、事故はなくならないという限界が露呈する。エンジニアは限定合理的であり、人工物の複雑性とその作用を完全に把握・予想することは不可能だからだ。

これは、ある意味、科学技術と工学者が抱えている限界だと言っていい。その限界を前に、人は安全性を確保するために、社会全体の広い範囲にわたり、様々な方法で補完しようと努めてきた。その努力は一定以上の効を奏していると言えるだろう。

そのことを自動車を例に見てみよう。

この複雑な人工物は、発明されてから一〇〇年以上、多くの人の死に関わってきたにもかかわらず、現在でも有用で安全な移動手段として普及している。そのため、自動車を考えることは、安全を考えるための様々な論点につながっている。[1]

まず、考えられるのは、自動車という道具を使う人への規制[2]——つまり、使用者に「安全運転」

をさせることである。免許制度に加えて、スピード違反を取り締まるネズミ取り、飲酒検問などはその一例である。しかし、使用者の規制だけでは安全性は確保できない。どんなに安全運転を心がけていても、事故が起きるのが複雑な人工物というものである。また、そういった類の事故の責任を、単純に使用者に帰すことはできまい。

次に考えられるのは、自動車そのものの安全性を確保するということである。衝突安全性、シートベルトやエアバッグといった装備の研究・開発がその例となるが、これは、工学的な領域に属する。

さらには、自動車を取り巻く環境――インフラなどの整備が安全性と深く関わることになる。道路の健全性（大きな穴が開いていない）を維持するのは事故防止の基本であるし、歩行者との接触や崖道などからの転落を防ぐためにガードレールが据えつけられる。

また、信号があれば出会いがしらの衝突は減るだろうし、標識があることによって、速度、目的地の方向など、運転者が迅速に的確な判断を下せるようになる。面白いことに、信号や標識は、物理的に機能しているというより、ドライバーの「赤で止まる」というような社会的・文化的ルールの認識を前提にして成り立っている。科学だけでなく、文化も安全に寄与しているということは留意すべきポイントの一つであろう。

さらに広い視野で見れば、救急車や救急病院等の救急システムがあることによって、自動車事故の死亡率は下がるだろうし、自動車保険の制度は、事故による生活破綻を防ぐものとなっている。こうして社会制度は、広い意味での自動車の「安全」に寄与しているのだ。

これまで述べてきた安全確保の多様性をまとめると、以下のようになろう。

①使用者による道具のコントロール
②道具そのものの安全性
③道具の使用環境の整備
④社会システムの整備

自動車という危険な道具は、この四つがあって、初めて日常的に使えるようになる。言い方を換えれば、このうち、どれか一つでも問題があれば、事故の頻度は高まり、危険性も大きくなる。

このように見ていくと、科学技術による安全性の確保、ならびに工学者の安全に対する倫理的実践は、法的制度や社会システムによって補完されていると言える。二〇世紀は、この補完が飛躍的に発展した時代である。そして、今現在もその傾向は強くなりこそすれ、弱くなることはない。

だが、そういった制度やシステムもまた、人工物の複雑性を前にして奇妙な歪みを見せ始めている。人工物が複雑であるが故に起きる事故——つまり、ソーシャル・アクシデントは、我々の従来の倫理観では捉えきれなくなるのだ。

そのことを見るためにも、科学技術、そして工学的なアプローチが、安全について、どこまで考えることができるのかを深く見ていくことにしよう。

2. 科学技術による安全の限界

「知る」という方法

科学的な安全確保に限界はあるにしても、もちろん、その方法は機能している。そしてそれは、とりあえず、メカニズムの把握とそれによる予測・予防と呼ぶことができよう。例えば津波の場合、そのメカニズムを知ることで、発生時に、どのように避難すればいいかが分かるだろうし、分かっていない場合に比べて、死亡率も下がるだろう。言い換えれば、「知る」ことによって安全が確保できる。

一般的に言って、自然界、つまりは物理的世界で起きる災害などは、そのメカニズムを知ることで、我々は、今後何が起こるかを一定程度は予測できるのであり、ひいては、思わぬトラブルに巻き込まれることを防ぐこともできる。地震でも、感染症でも、メカニズムが分かれば対処することは可能だろう。

さらに言えば、このことは人工物に対しても、ある程度、同じことが言える。金属の疲労破壊のメカニズムを知っていれば、その金属材料でできた製品を使い続けると、どういう破壊が生じるか、ある程度、予測できる。複雑度の非常に高い人工物——例えばコンビナートでも、メカニズムを知ることによって火災を防ぐことができる。事故が起こると、事故調査を通じて、これまで想定していなかったメカニズム上の欠陥が見つかり[3]、それを通じて同様の事故が起こらないように対処することも行われてきた。これは、失敗やトラブルを通じた技術の成熟とも呼べよう。

だが、科学的な分析が困難な現実も存在する。分析とは、因果関係を把握することだが、メカニズムが分かっていても、原因を特定できないこともある。

人は、一定量以上の青酸カリを飲めば、確実に死ぬ。この場合、因果関係は明らかである。しかし、メタボの人間の死因はそう簡単に特定はできない。昨日食べたステーキが原因で死んだのか、一年前に食べたすき焼きが原因なのかは、特定することは不可能だ。もしかしたら、ステーキを食べたとしても、一緒に食べたサラダが良い効果をもたらした可能性もあるかもしれない。ステーキが体に悪い影響を与えるというメカニズムは分かったとしても、それが原因だとは特定できないのだ。

仮に因果関係を確定するために実験するにしても、金属疲労を調べるようなわけにはいかない。人間を使って実験することはできないからだ[4]。

生活習慣病と言われるものは、複雑な因果関係の典型例である。また、科学の発達とともに、あらゆる因果関係が解明されているとはとても言えない。そして、すべてが解明されない限り、事故は起こり得る。その意味では、安全が確保された時代になったと言える時代が来ることは絶対にないだろう。

シミュレーションによる予測

シミュレーションは科学的手法による安全対策として、現在、有力な手段になっている。

シミュレーションをすれば、いくつかの法則（運動のルール）、初期値が分かっており、かつ、予想された外乱しかなければ、それらが複雑に絡み合って、どのようなことが生じるかを、ある程度、予測できる。実際の利用例としては、気象予測がよく知られている。スーパーコンピュータを使って数日後の天気をある程度予測することが、現在では可能になっており、最先端の天気予報はその予測に基づいている。

しかし、シミュレーションもまた、安全を絶対的に保障するものとはならない。なぜなら、科学は、「実験の再現可能性」を前提としているからである。

前述した通り、シミュレーションにおいては、法則と初期値が判明していることが必要だが、それを導くのは実験という方法であり、それは、いかなる環境においても再現が可能であるということが前提となっている。

例えば、落体の法則は、理論上、地球上のいかなる場所において実験しても、同様の結果が出るものであり、それ故、法則、ルールと呼べるものである。しかし、実際、落体の法則の再現可能性が保証されるのは、非常に限定された条件の下、つまりは真空中の実験でのみである。つまり、法則があっても、現実の世界で何が起こるかは、境界条件に依存し、他の法則との相互作用によっても変化する。例えば、引力以外に電磁気力も関与して物体の運動が行われることもある。

さらに言えば、科学的実験は、自然も含めたあらゆる現象に対して行えるものではない。桜の葉の葉緑体のサンプルを探して研究するにしても、その結果が、松や杉や、白菜や大根の葉緑体にも当てはまるとは限らないし、大学構内にある桜のサンプルが、吉野山の桜や、醍醐寺の桜と絶対に同じものだという保証はない。つまり、どこかのレベルで、既知の資料から未知のことを推測・予測することを――いわゆる「外挿」を繰り返さないといけない。だが、外挿とは、確認することが不可能な一種の仮説であり、その意味で科学が発見した法則、ルールは、常に仮説でしかないという危うさの上に成立している。

仮に、そのような外挿を含みつつも、ある種の再現可能性が担保されたものとして、いくつもの初期値や法則、ルールが見つかったとしよう。だが、その時でもさらに、第一章のチェスの例でも見たような複雑性――組み合わせ爆発が起きることになる。いくつもの法則の相互作用は、スーパーコンピュータであっても計算できない。つまり、シミュレーションが確実な予測をはじき出すことはあり得ない。しかも、カオス理論は、初期値の小さな変化によって、結果に大きな差異が生じることを示したのである。

だが、安全の確保という問題において、この科学の方法が無意味というわけではない。

現在、台風の進路予想はかなり正確になってきたとも言われている。しかし、それでも台風の進路を示す予報円はかなり大きい。ただ、確実に予想できなくても、役には立っている。ある程度、台風の進路と強さなどが分かれば、人はそれに応じて外出するか否かの決定を下すことができるし、何も知らないよりは事故に巻き込まれる確率は確実に低くなる。いわゆる「科学の不確実性」があるということは、実生活においては極端にひどい結果を引き起こすことにはならないのである。

3. 工学による安全

科学的知識と工学的対処

科学は、計測と分析によりメカニズムを解明し、これから起こることを予測する。だが、細かい因果関係の解明は難しいし、そこまでの対応は困難である。

ラプラスの魔（＝超人的知性）であれば、将来、私がどのような事故を起こすかという予測は可能だろう。そして、いつ、何が起こるかを完璧に予測した上で対処することができる。何月何日、何時何分に、どこで私の運転する自動車が事故を起こすかという予測が立てられれば、事故は確実に防げる。しかし、そんなことは現実世界では、あり得ないだろう。

一方、工学は、どのような問題が起こりそうか、起こったとしたらどう対処するか、という仕方でリスクの管理をしようとしている。何月何日、何時何分に、事故を起こすという予測ではなく、自動車であれば、硬い物体にぶつかった場合はこの装備が役立ち、横転した場合にはこの構造が機能し、海に落ちた場合は、この道具を使って窓を割ればいいというような方法で、それぞれにうまく対応しようとする。それが工学における安全装備の考え方である。

もちろん、工学が想定を行うのは、科学的実験に基づいてのことであり、事故の対処方法も科学的研究で見つけようとする。だが、そこで使われる科学的知識は、ラプラスの魔のような全知の存在と結びつくものではない。[5]

繰り返しになるが、囲碁やチェスを考えてみよう。将来をすべては見通せない我々人間は、よさそうな手を探り出し、そのいくつかをできる限り先まで読もうとする。この、できる限り先まで読む手段が、科学的知識と見なせる（読み誤りは、ひどい結果につながる）。

一方、先を読むだけでなく、読むべき手を絞ることも必要である。先述した通り、コンピュータであっても、すべての手を読むことは不可能だ。だからこそ、あり得そうなこと、起こり得そうな局面に絞り込み、そこに含まれない手は排除する——つまり、限定合理的に対処する。もちろん、この場合、どの手をもう少し先まで読むべきだったかは、結果が出てからしか判断できないことにもなる。だが、ラプラスの魔的な科学主義に基づいて安全を確保しようとすると[6]、すべてを完全に予測し尽くすしかない。少しでも漏れ落ちがあると、安全が確保できないのが科学主義の問題である。

このチェスの例を言い換えれば、工学は、日食が起こる日時や、隕石の落ちる日時が分かった上でどう対処するか、また、崖の上の岩をどの程度の力で押せば落ちるかという問題設定はとらない。普通に起こり得る可能性、つまり経験や、想定し得る物理的可能性のみを積み上げ、それに対処する装備や装置を、コスト、容積など、いくつもの制約条件のトレードオフも考慮して設計し、安全を実現しようとするのである。

工学における実験

また工学は、科学技術を利用する上で、実験を行うが、その考え方もまた、科学とは異なるものである。

科学は「再現可能性」を前提に、あらゆるケース・環境下において妥当するような法則・ルールを実験で求めようとする。当然、その実験は、限定・統制された条件下で行われることになる。それに対して、工学の実験とは、個別的な問題への対応を目指すものであり、その意味でサンプル数が重要になる。

例えば、自動車の衝突実験では、高価な自動車をつぶすが、それは特殊な一例を試しているだけである。二〇〇〇年式のカローラセダンであれば、このカローラセダンが時速六〇キロでコンクリートに正面衝突した場合に、乗員の安全が確保されるかどうかを試しているに過ぎない。つまり、時速六〇・一キロの時に、この実験時と同じ安全が確保されるということは単純には保証できない。そして、時速六〇キロでの実験が終われば、次に時速六五キロ、その次は正面から一〇度斜めに衝突した場合といった具合に、条件を変えていく。当然、すべての条件に対して実験は行えないが、様々な実験を繰り返し、大量のデータを保有することで対処しようとする。

シミュレーションについても、このことは同様である。

シミュレーションは、様々な制約や要因が相互作用を起こした時に何が起こるのか確認する上で有効な方法である。工学的設計においては、個々の場合について具体的に実験、計算し、それぞれのケースで確認された事態、数値などに統計処理という作業を施す。その意味で、工学におけるシミュレーションは、個別的に多数試さねばならない。

科学は一つの法則を見つけ出すために、理想化された解を設定し、それにあわせて環境を制限し、実験する。一方、工学においては、そういった制限をすることなく、いくつもの解を見つけ、それらを総合することで安全性に対処しようとしていることが、このシミュレーションの例からも分かるだろう。

安全をめぐる設計思想

工学の設計において、どのように安全確保が行われているかを概観することにしよう。

一次元上で動く列車の場合、正面衝突や追突、脱線を防止するために、信号システムの整備や運行表の確認、レールと車両のメンテナンス、そして検査が行われる。また、踏切は、一次元という列車走行において例外的な場所となるため、多様な事故が起こり得る。そのため、踏切内に自動車が立ち往生していないかどうか検知する機器を設置し、極端な場合（例えば高速で走る新幹線が一例となるが）、踏切を作らずに立体交差にする。また現在では、事故防止のためのホームドアの設置が、安全上の関心の焦点となっている。

それに比べて自動車は二次元で動く。つまり使用環境も広く、自由度も高い。だが、それだけに事故に関しては考慮すべき点が多くなる。例えば、列車の衝突は、正面衝突と追突の二種類しかない[7]が、自動車の場合、前面衝突、追突、側面衝突と衝突する角度は三六〇度ある上、ぶつかる対象も自動車、人、ガードレールなど様々で、なおかつ、衝突後の転覆横転も起こり得る。

自動車のボディについて見てみると、衝突の仕方は多様であり、そのどれにも耐えられるものを作ることは容易ではない。ぶつかると、ライトも割れれば、ミラーも壊れる。まず基本的に時速約五〇キロ、重量一トン程度の運動エネルギーが、衝突時の短い時間で吸収されるように考えなければならない。そのために、まず、車体前後部をつぶれやすくし、客室を原形に近い形で残すようにする。そして、ブレーキをかけた場合にも前のめりになってひっくり返る（ピッチングモーションという。自転車の方がイメージしやすいだろう）ことを起きにくくする。他にも想定し得る様々なケースに対応しなければならないが、だからといって、装甲車のように頑丈な車を作るわけにはいかない。そこで設計者はトレードオフの関係にある様々な制約、条件を調整していくことになる。だが、何よりも、運転者の生存空間を確保することが重要だ。衝突時に、エンジンやステアリングが客室に侵入する量が少なくなるようにしなければならない。また、シートベルトも必要となろう。

衝突にしても、そのケース、原因は多種多様だ。その一つ一つに対してどのようにコントロールすれば衝突が防げるかということを考えていく。そして、それらをうまく総合して、どのような事故が起きても、最低限、人命だけは助かるように設計しようとする。ラプラスの魔のようにすべてを完全に予測することのできないエンジニアは、このように対処しようとするのである。

さて、飛行機の場合は、どうだろうか。

自動車は二次元で運動する人工物であるが、飛行機は自由度においてさらに一次元増え、三次元となる。つまり、空を飛ぶわけだが、地上への落下、墜落を考えると、事故発生時の乗員のダメージは自動車とは比べものにならないほど、大きい。それだけに、安全性は特に強調される。

飛行機は空を飛ぶため、軽量性がポイントとなる。だから安全確保において、機体を頑丈にするというやり方はとれない。機体構造の強度を十分にとることはできず、それ故、小さな亀裂を一つ見逃せば、それが大事故につながり、多くの人が命を落とすこともある。そこで「フェイルセーフ」という設計思想が、重要な意味を持つことになる。

フェイルセーフとは、不測の事態により機体の一部が損傷しても重大事故につながらないようにする設計思想である。油圧系統が故障すれば、飛行機の操縦はできなくなる。そこで、複数の油圧系統を設けることで、どれか一つが壊れても操縦を可能にするというのがその一例である。また、航空機では、機体の一部に亀裂が入っても、その亀裂が延伸して他の区画にまで破壊が及ぶということがないようになっているが、これもフェイルセーフの一つである。自動車にエアバッグを装備したり、背後からの衝突で炎上しないようにガソリンタンクの位置を設計したりするのもフェイルセーフである。

フェイルセーフと似た設計思想に「冗長性」がある。これは部材を複数にして、一つが壊れても大丈夫なように余力を持たせるものである。定期航空機が二機、あるいはそれ以上のエンジンを装備し、一つのエンジンが故障しても飛行できるように設計されているのはその一例である。

「フールプルーフ」という設計思想も重要である。

フェイルセーフは、機体の部分的破損が機体全体の破壊につながらないようにするものであるが、フールプルーフは、使用者の操作ミスを想定してなされる設計である。

例えば、ダグラスDC－8は着地時に主翼にある減速板（スポイラー）を立てて、減速効果を高めているが、もし、この減速板を飛行中に誤って立ててしまうと、墜落事故にも発展しかねない状態となる。実際、着陸直前や離陸直後に減速板を立ててしまうというミスは何度か起きていた。そこで、エンジニアは、飛行中は誤って操作レバーを引いても減速板が立たないような機構をDC－8に導入したのである。

最近の自動車がブレーキを踏んだ状態でないとエンジンがかからないようになっているのも、フールプルーフの一例である。

ここまで挙げてきた設計思想は、いずれも完全な知識に基づく世界の予測という形での安全性の確保と違う。限定合理的である工学ならではの知から生まれた、安全確保の基本的手法と言えよう。

4．自動運転車の新しい問題

安全技術から生まれた自動運転車

自動車が衝突事故を起こしたとしても、運転席（運転者の生存空間）は保たれ、シートベルト、エアバッグが効果を発揮する。このように工学の知は自動車を設計している。こういった考え方は、パッシブ・セイフティーと呼ばれる。

だが、エンジニアはまた、自動車が衝突する前に、それを避けるような手立て（アクティブ・セイフティー）――つまりは予防手段も考えなければならない。

自動車の場合、事故回避技術と呼ばれるものがある。これはＡＢＳ（アンチロック・ブレーキ・システム）のように、制動技術を使って自動車を止めるものである。普通に考えれば、ブレーキをかけると自動車は止まるはずだが、それによってタイヤが固定されるとスリップして、摩擦力が小さくなり、氷の上を滑るような状態になる。そうすると、制動距離が延びてしまう。また、これでは前の障害物をうまく避けられず、衝突事故を起こしてしまう。だが、ＡＢＳは、コンピュータ制御によってブレーキのかけ方を変化させて、急ブレーキ時にもハンドルが効くようにする。いわば熟練したドライバーの技能を機械に代用させることで、衝突を避けようとしたものである。

ＡＢＳの発想をさらにずっと進めていくと自動運転車となる。そして、そこでは知覚情報を統合すべき人工知能がポイントになる。

ＡＢＳがブレーキを踏む達人であるように、自動運転車も運転の達人と呼べるかもしれない。そうであれば事故は減るかもしれないし、暴走する車はほとんどなくなるかもしれない。

しかし、コンピュータや人工知能といったものが機械を制御する時、もし、そのプログラムにバグなどの不具合があった場合は、どうなるのだろうか。

自動車が止まる位置が一センチほどくるってもそんなにひどいことは起こらない。だが、もし、プログラムに「進行中止」とするところをバグの影響で、「進行中」と一文字削ってしまえば、事故を起こす可能性は高い。プログラムを構成する情報量は莫大であり、そこに一つもミスがないとは言い切れないし、一ビットの変更で過激に応答するのがソフトウエアである。その意味で、自動運転車は、車体機構の複雑性のみならず、ソフトウエアの複雑性も抱えている。もちろん、この複雑性の前では、起こり得るすべての事故を想定し、対処するのは不可能である。

社会を変容させる自動運転車

これまで、パワステや、ABSといった装備は、「アシストする」ものとして、運転者の援助をすると見られてきた。しかし、自動運転車のケースでは、技術がアシストするのではなく主役になる。いわばロボットのような存在が、運転者となるのである。

これは、一見、人間以外の者が街を歩いている光景のようにも思える。だが、すでに自動運転のモノレールなども存在し、普通に運行している。

このような移動用、運搬用の人工物の運行は、一種の「移動サービス」と見なすこともできるだろう。その場合には、人間が運転していようが自動運転であろうが、事故の責任については問題にならない。例えば、自分の車の運転をお抱え運転手に任せることもある。私は自律的に運転せず他者である専門家に運転を依頼している。タクシーに乗るのと同じケースである。

さらに、電車で移動する場合を考えてみよう。電車は運転手が運転する。私は移動サービスの利用者として、電車に乗っているだけである。このような電鉄、旅客船など人を運ぶサービスは存在しているし、時として事故は起きるものの、その安全性について利用者が気にすることは、それほど多くはない。事故が起きた場合の責任は、鉄道会社にあるということが、社会で共有されているからである。逆に言えば、我々が電鉄やタクシーなどに安心して乗っていられるのは、民事責任に関してこういうシステムがあるからだとも言える。

だが、自動運転車が事故を起こした場合、その責任は誰が負うことになるのか。

現在、アシストの段階での自動運転車は、基本は所有者に民事責任を負わせるという論点整理が行われている。事業者が運営する交通機関でも同様である。その賠償能力を考えても、納得のいく仕組みである。

問題は、より自動化が進んだ場合の責任の所在である。パワステや、ＡＢＳは「アシスト」であり、それが原因になって事故が起きても、我々は、「ＡＢＳに責任がある」などとは言わなかった。だが、ロボットは「アシスト」ではなく、運転する「主役」である。この時、「ロボットに責任がある」と言われる可能性は十分にある。だが、事故を起こしたロボットを処分（破壊）してしまえば、ロボットは責任を果たしたことになるのであろうか。

自動運転車が変えるのは、責任の概念だけではない。

先述したように、我々が自動車を安全に使えるのは、交通規則という社会システムがあるからであり、ドライバーが「赤で止まる」という社会的・文化的ルールを認識しているからであった。さらに言えば、そこには他車のドライバーへの信頼がある。つまり、交差点で右折のウインカーを出している車は、直進車があるのに曲がるはずがないとか、センターラインをオーバーして車が走ることはない（緊急時を除く）といった信頼の原則[8]に従って自動車は走っている。それが、自動運転車の時代になると、それをコントロールするソフトウエアの信頼に基づいて自動車に乗るようになる。つまり、安全確保のために信頼すべき対象が変わることになる。

これまでも自動車交通の安全は、他車の運転者や交通ルール、信号機といった人工物など、多様なものが複雑に絡み合う中、時間をかけて体系立てられることで確保されようとしてきた。だが、そのようにできた体系が、自動運転車の登場で別種のものになるならば、その急激な変化は、人間社会に大きな混乱を引き起こすことになろう。

自動運転車が夢のテクノロジーのように語られることが多いが、筆者は懐疑的である。工学は自動車の安全性をずっと進化させてきた。安全の確保をめぐって、ボディの強化、動力・制動性能の向上、ガソリンタンクの設置場所の工夫、パワーステアリングやナヴィゲーションシステムなどの補助技術、シートベルトやエアバッグなどの安全装備……。見えないところでも様々な工夫がなされ、自動車の安全性は驚異的に向上している。

こういった自動車そのものの技術の進歩による安全性の向上だけでなく、道路や信号・標識などのインフラ、安全教育も含め、社会システムもどんどん充実してきた。

自動車そのものと社会の制度や環境があいまって、安全性は進化を遂げてきたのである。これまで長い期間にわたって作り上げられてきたからこそ、自動車と社会の環境に、完全な自動運転車が導入されると何が起こるのかは、想像がつかない。自動運転車だけが走るという前提で、全く新しい町を作るというのであれば、うまくいくかもしれない。しかし、新しい技術が登場する時には、常にすでにある社会・世界と調和した形で調整がとれていなければならないのだ。そういった技術的な担保はかなり困難であろう。

その上、すでに指摘したように、自動運転車の事故の責任については、従来の規範では捉えることが困難である。技術的な困難さに加えて、社会的な問題も引き起こす可能性が高いと考えるのが妥当だろう。

自動運転車に限らず、昨今、新技術がより高度化し、より多く発明されるような時代においては、新技術が後世に与える影響をきちんと考えることがますます難しくなる。

5．科学技術を超えた安全問題

リスク・ホメオスタシス

科学技術、そして工学の、安全に対するアプローチを見てきた。だが、これらのアプローチが効果を持ち得ない領域がある。人間という存在に由来する領域である。

例えば、車を買い替えて、ブレーキが良く利くようになったとする。以前は、三〇メートル手前で人影を見つけてブレーキを踏めば何とか止まったものが、新しい車では同じスピードを出していても二〇メートル手前でブレーキをかければ止まるようになった。この場合、人間は、これからも以前と同様、三〇メートル手前でブレーキをかけるだろうか。もし、かけるとするならば安全性は向上するだろう。しかし、おそらく二〇メートル手前でブレーキをかけるようなかけ方に変えてしまう人は少なくあるまい。つまり、どれほど自動車の安全性を高める設計をしても、人間が行動様式を変えてしまい、その安全性を使い尽くすような運転をするようになることがある。これは、リスク・ホメオスタシス説と呼ばれる。[9]

「安全第一」と言葉では言っていても、実際はそうではない行動を我々はしてしまう。これは個人のレベルのみならず、社会のレベルでも同様のことが起こる。例えば、自動車の性能向上に伴って高速道路が作られた、さらにその制限速度の引き上げも行われてきた。現状の変化に応じて、人間は行動の仕方を変える。だとすると、この問題は、工学的なアプローチだけでは解決が不可能になる。おそらく、心理的事実の調査を行うことが必要となり、その方面から対策を考えねばならないだろう。

予防を否定する倫理

また、「予防」という安全対策が、時として倫理的な問題となり、無効となることがある。

例えば、シートベルトは、自動車が衝突事故を起こした時、身体が衝突による衝撃の被害を受けないように考えられた工学的な「予防」アプローチである。実際、日本ではシートベルトの装着を義務化することで事故の死亡率は低下した。この意味で、このアプローチは有効であることは証明されていると言えよう。

だが、イギリスでは、シートベルトの装着を義務化する法案が通るのに一〇年以上を要し、アメリカでは通らなかった。つまり、自分の身は自分で守るものであり、他人（政府なども含む）からとやかく言われたくないというのが国民の反応だった。いわば、安全よりも自由という価値を優先するという判断が大勢を占めたわけだ。

この意味で、「安全第一」という価値観自体は、すべての人にとって自明ではない。

このように、工学的なアプローチを通じた安全確保そのものが、倫理的に常に称賛されるとは限らない。英米では、シートベルトの法的強制は、自由という価値との関係で長く議論されたが、監視や見守り（子供の登下校時）といった安全確保の対処法についても、監視社会と呼ばれることもあるし、プライバシーの侵害の問題を含みうる。[10]

今や、安全な自動車を作ろうとする技術者は、技術的に複雑な因果関係を考慮するだけでなく、安全という価値が実質的に第一のものとならないことも考えて設計を行わなければならないという難しい立場に立たされることになった。しかも、このような安全に関わる多様な制約が出てくると、さらに面倒が起こる。設計における制約間のトレードオフはさらに複雑となり、それに伴い、事故が起きた際の原因究明は困難になる。そうなれば、責任の所在も不明確となる。だが、被害者がいる以上、誰かに責任を帰さねばならない。この時、従来通り、（ある種の意図的行為である）過失を犯した者に責任を帰すといった考え方では対処できなくなるだろう。

ここまで、安全への科学的対処、そして工学的対処の多様性を見てきたが、ここにおいて、「安全」を重視しない価値までが関わることになってきた。だが設計というのは、そのような価値をも按配することである。

ものづくりをする工学者に求められる倫理は、ますます厳しくなっていると言わざるを得まい。

第三章

組織・システム・制度

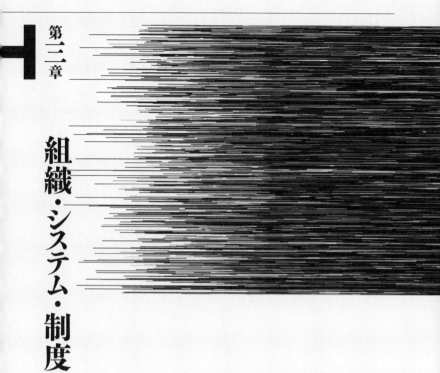

1．技術者の組織

人工物の製造と組織

具体的な人工物を設計するには、多様な専門家が必要になる。もちろん科学的理論の研究でも、異なる専門分野との連携により発展が見られることもある。だが、科学の領域において発展を求める上で、連携は必ずしも必要なものとは言えない。そして、時として科学者が専門的知識のタコツボ化に陥ることも、十分にあり得よう。

しかし、人工物の設計には、様々なレベルの知識と、いろいろな専門家の協働作業が必要不可欠である。

自動車の設計には、タイヤのゴムの化学的性質や摩擦力の研究・開発だけでなく、エンジンの熱力学など多様な分野が関連しあっているし、実際、それぞれの専門家がいる。マンションなどの設計も、デザインを担当する「意匠設計」と、建物の構造の強度を決める「構造設計」の専門家がおり、その協働作業によって決められる。

さらに、設計の後には製造というプロセスがある。人工物を作るということは、研究開発を行い設計することを超えて、実際にものを作ることである。そのためには、設計において価値の相互作用の調整を踏まえた上で、各製造パートの連携だけではなく、社内レベルを超えた異分野との連携も必要になる。だが、エンジニア個人には、それを実現できる力はないと言っていいだろう。[1] 実際、企業としてのメーカーが主体となるケースがほとんどである。

また、人工物は製造されて、ユーザーの手に渡った後に使用される。そうすると、運用、メンテナンスの問題も出てくる。電化製品のように、想定される使用期間が一〇年程度であれば、設計者個人がメンテナンスをすることが可能かもしれない。だが、道路や下水道など、何十年、時には一〇〇年以上も使用される人工物を、個人がメンテナンスすることなど、不可能だ。もし、これを可能にできる主体があるとするならば、それはエンジニア個人ではなく、知識の継承が可能である企業という存在であろう。

このような観点からも、法人、企業という組織が、安全な人工物を作ろうとする際の一つの重要なポイントとして現れてくる。

組織による補完

工学的な安全アプローチにおいて、実験が不可欠なことはすでに述べた。以前にも述べたが、エンジニアは、様々な実験を繰り返し、大量のデータを保有することで安全に対処しようとする。科学的な（ある意味、理想化された）領域ではなく、現実世界の複雑系を相手にしているエンジニアが、二〇〇〇年式のカローラセダンを時速六〇キロでコンクリートに正面衝突させた時の結果をもって、そこから、すべての自動車に適用する安全の法則を導き出すわけにはいかない。多様な条件の下、いくつもの実験を行い、その結果を総合するのが、限定合理的であるエンジニアの、安全へのアプローチだった。

だが、自動車というけっして安価ではないものをいくつもコンクリートに正面衝突させるだけの時間、費用がエンジニア個人にないのは当然であるし、大量のデータを管理、運用することも難しいであろう。これを可能にするのは、企業といった組織である。

このように見ていく時、組織は、安全確保の面において、工学的アプローチを補完するものとして現れる。そのことをよく示している実例として、アポロ13号の事故について見てみよう。

この事故は、一九七〇年四月に起こった。[2] 三人の宇宙飛行士を乗せたアポロ13号は、月面着陸を前にして、燃料電池用の酸素タンクが爆発を起こした。

アポロ宇宙船は、部品の数が六〇〇万あるとも言われている。このような複雑な機械を扱うことは容易ではない。そのために、システム工学という考え方が重要な役割を果したと言われている。システムを構成する部品の数が多くなると、システム全体の信頼性は急激に落ちる。例えば、九割の確率で電灯が点るとしよう。一個なら、九割点っている。だが、二個とも灯る確率は九割×九割であり、八割一分に落ちる。このようにして単純な掛け算を続けると、一〇個の明かりがすべて灯る確率は、三割五分程度にまで落ちてしまう。

すべての機械や部品がうまく機能することはそう簡単ではない。だからこそ、冗長性を考えた設計など、システム工学が重要になる。実際、アポロ宇宙船には、重要な設備は二つ以上ダブって搭載されており、それ故、NASAもこの宇宙船に対しては、安全性に絶対の自信を持っていた。

だが、その宇宙船が事故を起こした。乗組員の生命は、絶望的な状況に追い込まれることになった。

この時、リアルタイムに対処することが必要になる。宇宙船を地球に帰還させる確実な解答を見つけ出そうとすれば、一ヵ月かかるかもしれないし、もしかしたら、一年間、解析しても完璧な解は得られないかもしれない。しかし、宇宙船は、今にも酸素がなくなろうとしている。宇宙飛行士の生命は危うくなっている。確実で正しい答えを求めることより、その時点で使える知識や技術を駆使して、考えうる最良の解を見つけることが必要となる。これは、工学独自のアプローチとも言えよう。「もの」の本質がすべて分からなくとも、工学はそれに対処し、安全を確保しようとする。こうして、アポロ13号は、どの時点でロケットエンジンを噴射して軌道を変えればいいか、確実な解答がないまま、可能性が高いと見なされた手法をある時点で採用して、地球に戻ってきた。失敗する可能性も当然あった。だが、そもそも複雑な機械を相手に、一〇〇パーセントの確信を持つことなどできない。そうであれば、可能性が高いということを判断基準にする、限定合理的であるエンジニアのアプローチを採らざるを得ない。

さて、このリアルタイムの対処で重要な役割を果たしたのが、地上にあるアポロ13号の司令船と同じ構造をしたシミュレータだった。アポロの飛行は一回限りのものであるので、訓練のためにシミュレーションを繰り返していた。そこで得られた膨大なデータはマニュアルとして蓄積されていたが、これらの知見をアポロ計画の最初から残しておいたことが、アポロ13号の事故時に役立ったとされている。
　さらに、このシミュレータを使い、地球への帰還可能な方法を求めて、様々な手続きを試すことができた。アポロ13号のような複雑な機械は、実際に試してみなければ、その手続きがうまくいくかどうかは分からない。その意味で、このシミュレータは、宇宙船の隠れた冗長系になっていたと言えよう。
　このシミュレーションを行ったのはNASAの地上スタッフである。アポロ13号では電力の節約が地球帰還のポイントになり、そのため多くのスイッチが切られたが、どのスイッチを残し、どれを切ると良いかということは、飛んでいるアポロ13号で試すことはできない。アポロ13号の乗組員は、もともと優秀であるが、その時、三人の乗組員だけでは考えつかない対処法を、地上にいるスタッフがシミュレータでいろいろな可能性を試し、さらに起こりうる問題を発見して宇宙船に伝えたのである。いわば、アポロ13号という複雑な機械の安全に対して、「組織」が外部から支援したわけだ。[3]
　科学技術や工学は、安全性を求めて様々な手段を講ずるが、それだけでは対応できない不測の事態が複雑な人工物では起きる。だが、アポロ13号は、NASAという組織の対応力によって、地球に帰還することができたのである。[4]

組織を司る消費者の声

　企業に雇用されるということが技術者にとって本質的なことかどうか判断するのは難しいが、ほとんどの技術者は実際的に企業という組織の中で、もしくは組織と関わって仕事をしている。

もともと、ものづくりをするためには、専門分野の要素技術を知っているだけでは不十分である。しかし、専門的知識がないと新製品の開発ができないことも多い。従って、製造メーカーはマトリックス型組織[5]を作る傾向がある。つまり、機能別組織（専門分野を深めて効率化する）と製品別組織（様々な分野の人と協働して製品を作る）の縦横のマトリックスで組織を作る必要がある。機能別組織は専門能力を開発し、伝達し、評価するという点で優れている。しかし、それだけでは製品（自動車、テレビなど）はできない。多様な専門家（電気、機械、音響など）が一緒に仕事をしないといけない。しかし、製品別組織では、組織内部の評価や知識の伝承の面で問題を含む。だからこそ、マトリックス型組織が作られることにもなる。ただ、マトリックス型組織は非常にややこしいというデメリットがある。時には、指揮命令系統が複数あるとも見なすことができ、恣意的に上司を選ぶこともありうる[6]。

複雑な組織の場合、問題になるのはコミュニケーションである。

ミシガン大学のモーガンとライカーは、部門間の結びつきについて次のように語っている[7]。開発計画の狙いを下流部門が完全に理解しサポートする体制ができていない企業では、自部門に意味ある形で特定の目標を達成する機会が与えられていない。すると結局は、各部門がそれぞれ独自の目標を立て、開発チーム内に混乱や対立を生み出すことになるというのである。

部門間の競合とは、専門家同士の対立であるが、それを調整することが必要になる。つまり、企業内でのチームワークが重要であり、対立を越えて、局所最適ではなく全体最適を目指さなければならない。

こういった問題に対して、実際に、技術者の組織がどのように対応しているのか見てみよう。

ホンダにおけるイノベーションの加速装置の一つが「ワイガヤ」だと言われる。ワイガヤは、「ワイワイガヤガヤ」に由来する造語で、ある種のブレーンストーミングだが、少し興味深い特徴を持っている。[8] 一つは、この場が、平等に議論できるフラットな組織であることであり、プロジェクトに応じて部署間の交流があることだ。二つ目は、何が本質的かということまで考えを深めようとすることである。

一方、トヨタでは、設計開発はチーフエンジニアがすべてを取り仕切る。基本的には、ワイガヤと違い、縦型の組織とも見なせるが、面白いことにチーフエンジニアは、機能的組織内部門の上司と部下という関係とは独立して、例えばプリウスのような自動車の開発を行っている。この仕組みはなかなかうまく機能していると評価されている。

このように二つの企業を比べると、コミュニケーションのあり方に対して、異なった対応をとっていることが分かるが、実は共通している要素もある。

トヨタの設計開発において、チーフエンジニアは、単なる専門家の対立を調整するリーダーではなく、顧客の声と見なされている。トヨタのレクサスの品質の権威である白水宏典元副社長は、次のように述べている。

ビバリーヒルズに行ったこともない技術者は、レクサスを設計すべきではありません。ドイツのアウトバーンを自分で運転して走ったことがない技術者も同じことです。[9]

開発計画のリーダーである設計者は、それなりの消費者感覚を持つ必要があると考えられているのである。

一方、ホンダの三代目の社長は、ワイガヤについて、次のように語っている。

あることをすべきか、すべきでないかを決めるときには、二つのことを考える。「お客様の喜びにつながるか」と、「現場の社員の元気につながるか」だ。[10]

ここでも、消費者の存在は大きくクローズアップされている。

第一章ですでにふれた通り、人工物の価値を評価するのは専門家ではなく、ユーザーであった。このことは、ものづくりにおいては、専門家の系統、マトリックス型組織で言えば機能別組織とは違った立場が重要になるということを示している。専門性だけでは、統合的な車はできないのだ。

技術的な価値と経営者的な価値

顧客の好みを理解することは、あらゆる製品開発システムの土台である。従来の製品開発システムは、市場分析データ、フォーカスグループ、アンケート調査といったさまざまな手法を使っている。[11]

技術開発において、様々な方向へ向かって、様々なレベルにおいてユーザーを志向することが行われてきている。

技術者は企業の一員であり、昇進する。その時、役職が高くなるに従って、ユーザーをはじめとした外部をより多く配慮するようになっていく。新入社員では技術的なしっかりした知識を持つこと、それを社内の知識とつなぐことが課題となるが、係長などになれば、社内で使える資源を理解し、他の課などとの調整も必要なことが分かってくる。そして、課長や部長になれば、当然、顧客である他社とか、エンドユーザーである消費者のことも配慮する必要がある。研究は、試験管やコンピュータの画面を見ている時間が多いかもしれないが、人工物を製品として販売するという場合には、人間、つまり他人への配慮を広げる必要が生じてくる。

技術者は、「私は機械屋」「私は電気屋」「私は化学屋」といった仕方でタコツボ化することは許されない。消費者に受け入れられないということは、結局は製品を買う人がいなくなるということにな

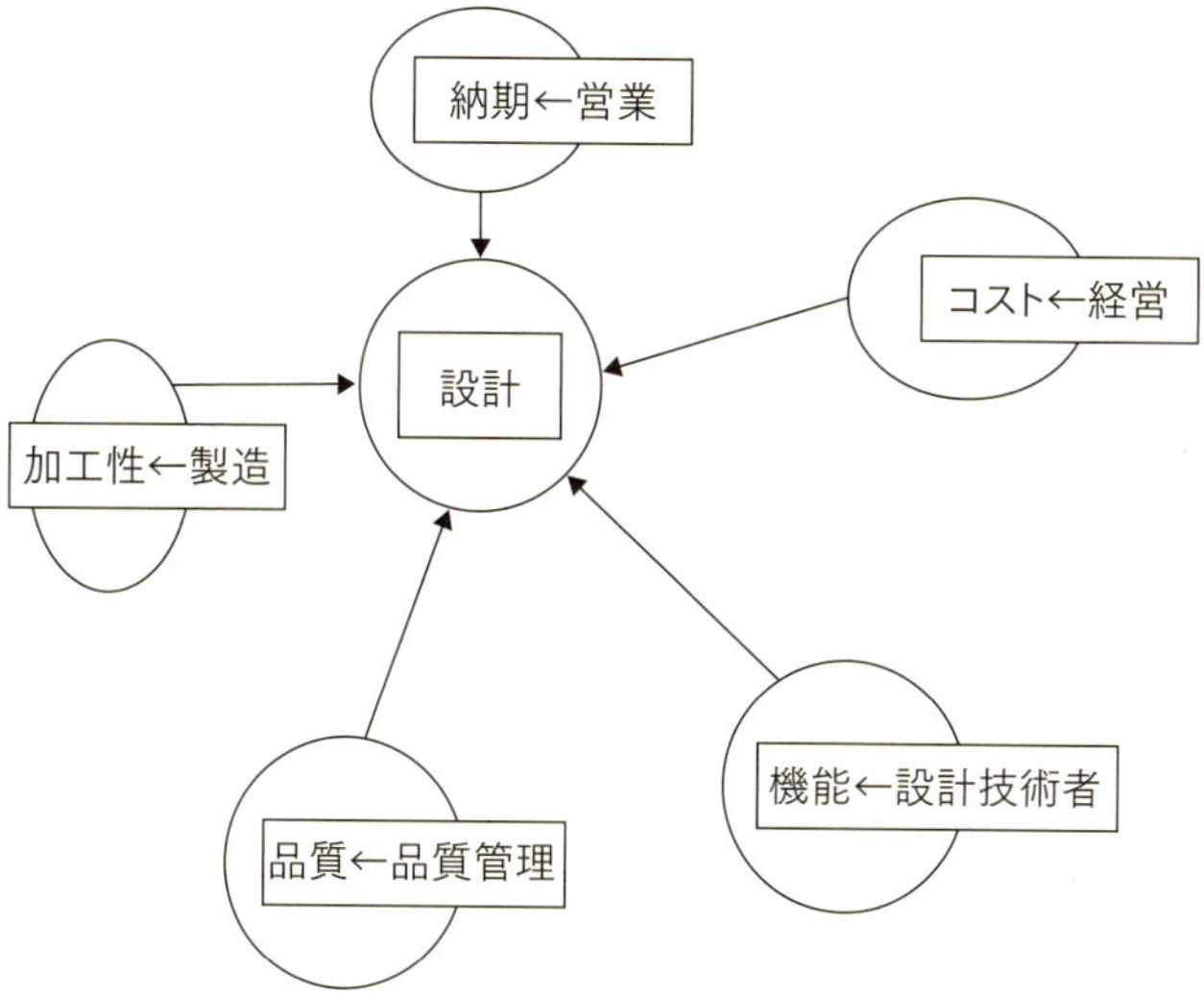

図3　広い視野を持つことが要請される設計者
単純化してあるが、企業の各部門が重視する価値を制約条件として、設計を行う。
どう按配するか、どの部門の主張をより強調するかが設計のポイントとなる。

る。その意味で設計に関わる技術者は何らかの仕方で広い視野を持つことが要請されるのだ（図3）。

　さて、企業の経営者の指示は、技術者にとっては専門家の声ではなく、素人の声として捉えられるケースがある。経営者は銀行の方ばかりを向いていて、技術的なチャレンジを無視するという不満が技術者から生じることもある。技術の素人である経営者が、大局的な判断を下せればいいのだが、現実は企業によって様々である。

　だが、エンジニアが経営者になることは矛盾しない。設計の行為を広義に考え、社会的影響、販売、安全等までも考えた設計をしなければならないとすれば、技術者は経営者の観点を持つ必要があることを示している。しかし、「経営」における価値の按配を間違えると、問題が起きることもある。

　その一つが、一九八六年に起きたスペースシャトル〈チャレンジャー〉の爆発事件だ。

　この事故は、ロケットブースターの連結部から高温ガスが漏れ、タンク燃料に引火したことで起きたが、原因は、その連結部をシール（密封）する部品にあった。

　製造会社は、事故が起きる前から、この部品に問題があることに気づいていた。実際、その製造会社の技術者たちは、打ち上げの延期を経営陣に勧め、経営陣もそれに同意し、NASAに打ち上げ延期の勧告をしていた。

　だが、これにNASAが難色を示した。この反応を見た製造会社の経営陣は再度、会議を開くことになった。

　もし、部品が損傷すれば、大事故が起きることは経営者は十分に理解していた。四人の経営者のうち、一人は技術担当である。だが、打ち上げ延期により、ＮＡＳＡから契約を解除される可能性もあり、もしそうなれば、会社は不利益を被ることになる。部品が損傷しなければ、打ち上げは成功し、そのまま何事もないまま終わるだろう。いわば、ここでは技術者の倫理という価値と、経営者の価値が相反している。そして、最終的に、その技術担当重役を含む四人の経営陣は、ＮＡＳＡへの勧告を撤回してしまった。

だが、ここで問題なのは、技術的な価値と経営者的な価値が相反しているということではない。確かに、この二つの価値は、時として相反することはあるし、チャレンジャーの例もその一例であろう。だが、経営者の一人は技術者であった。そして、技術者の仕事とは、様々な価値、様々な制約をうまく按配することである。

実際、経営判断というものは、技術上の判断を無視して成り立つものではない。事故が起きるか起きないか、その確率を計算できるのは技術者であり、その結果を、素人である他の経営者に伝えることができるのも技術者だけである。

その意味で、この技術担当重役は、その価値の按配を誤った。爆発すれば、契約を打ち切られる以上に、多大な損害賠償を支払うことになるからだ。技術者は経営者の観点を持つ必要があるが、その観点＝価値の扱い方を誤ってはならないのだ。

2. 法人とコントロール

企業の連携による問題

製品を作るためには、多様な部品が必要になる。そのため多数の企業がなければ、多様で高度な人工物は作れない。そこに、法人としての「人」が多様に関わってくる。ものづくりは、このような「人間」関係において営まれている。

企業内での設計開発は、他社の製品や材料を用いることによって行われる。これらの人工物は、分業によって、つまりそれぞれ高度な技術によって作られることで、さらに新たな価値を持つ製品となる。ただ分業といっても、そのあり方は様々だ。トヨタの場合、部品を買うというよりも、協力会社の設計を承認した上で[12]、製造を依頼する。コモディティと呼ばれている汎用品なら仕入れ先はいくつもあり、値段交渉さえ成立すれば、すぐに購入できるが、新しいものを作る時に、技術的要求に合った部品を手に入れることは難しい。このため、他社との連携が必要となってくる。

だが、企業同士の連携がうまくいかず、事故が起きることもある。企業内でも製造部門間のコミュニケーション不足があれば、重大な問題を生じるが、企業同士であれば、コミュニケーションが困難なだけに、問題はさらに深刻化する。その一例として、二〇一七年六月に倒産したタカタのエアバッグ問題が挙げられよう。

タカタは、エアバッグ専門の製造メーカーで、エアバッグを部品として自動車会社に売っていたが、追突などの衝撃で作動した時、エアバッグから金属片が飛び出て、運転者が死亡したケースが何件も起きた。エアバッグを取りつける自動車会社にとって、この事故は、納品検査の問題であると同時に、設計上で使う部品の品質の問題である。一方、部品を提供する下請け企業からすれば、自動車会社から提示された要求仕様に従った品質のものを出荷していたのか否かという問題となる。

タカタの責任、賠償問題は、どのように考えられるのだろうか。

自動車部品メーカーに勤務していた五代領は、組み立てを中心とする製造業を典型的な事例として、部品メーカーと組立メーカーの関係について次のように述べている。

　仮に部品メーカーが設計した部品に不具合の原因があったとしても、部品メーカーに承認を与えてしまっている以上、最終的な設計責任は、自動車メーカーがすべて負うことになる。[13]

タカタのエアバッグ問題については、部品会社であるタカタにほとんどの責任があるような論調でマスコミは過熱気味に報道していたが、承認を与えた部品だとすると、最終的な設計責任は、自動車メーカーがすべて負うというのが、基本の考え方である。ただ、実際、ものづくりの現場で問題となっているのは、メーカーと部品会社との間で責任分担が曖昧になっていることだ。このことは、日本では特に顕著である。

搭載要件書

部品を作った人＝法人に、どのような責任を負わせるのか。ドイツの自動車部品メーカーであるボッシュ社は、特徴的な対応をしている。

ボッシュ社は自動車メーカーと取引する時、「搭載要件書」と呼べるものを提示すると言われる。「同書は、自動車メーカーに部品の使い方を指示したもの」とし、「こう使うことを推奨する。こう使ってはならない」といった搭載条件を細かく記す。

つまり、この搭載要件書から外れた使い方をして不具合が起きた場合、ボッシュ社は基本的に責任を負わないことを事前に明確にしておくわけだ。これなら問題が起きた場合でも責任範囲は明らかで、部品メーカーは単独で対応しやすくなる。

ただし、搭載要件書を作るには、自動車メーカーに匹敵する調査力と技術力がいる。ボッシュ社は、世界各国の大学や公的機関と共同で研究し、その地域で特徴的な自動車の使い方や事故の形態などを調べている。その結果を、部品の仕様に織り込む。その開発領域は、もはや自動車メーカーのそれと同じだ。そこまでして初めて、搭載要件書を作れる。[14]

部品メーカーは仕様書通りの部品を納入し、発注者は検品を行う。ただ、その部品が特殊なら、検品も含め、下請け企業にすべてを任せるしかない場合もあり得る。タカタのエアバッグはそういう部品だった。そして、実際の自動車メーカーと部品メーカーとの間の購買契約については、リコール時に補償支払い額が無制限となるという条項を含むことがあるとも言われている。[15]

今後重要になるのは、自動車メーカーの要求仕様の範囲外で起きる不具合への対応だ。この場合でも、部品メーカーが知らないとは言えない時代になっている。

実のところ、要求仕様の範囲外にも一部は対応していた。要求仕様よりも高い社内基準を作っているためだ。例えば、自動車メーカーの要求が一〇万回の振動耐久試験だった場合、社内基準は一五万回にするといったものだ。だが今後は単に上下に振る試験だけではなく、斜め、左右、回転といった普通ではない状況まで想定しなければならないだろう。

それでも、自動車メーカーですら考えつかない想定外の使い方まで部品メーカーが把握し、部品の品質向上に反映させるのは極めて難しい。例えば一万回使って一回しか起きない車両の不具合事象を、部品メーカーが把握できるだろうか。[16]

一企業内で生じる問題というものは、通常、経営者が、自社の社員を管理・監督する権限と責任があるにもかかわらず、それを怠ったとされる時に生じるものだと考えられている。だが、企業間同士が連携している時、問題が他社に起きるとすると、他社をコントロールすることが、いかにして可能になるのか。

見えなくなる製造過程とブラックボックス化する人工物

「法人」とは、法律によって「人」とされている組織であり、普通の人間＝自然人と同様の権利が守られている。そして、法人同士が連携する際には、それぞれ「他人」であるために、契約が必要とされる。

自然人は、他人をコントロールできないし、完全にコントロールすべきではない（奴隷は禁止されている）とされているが、それは法人も同様である。通常の取引相手を完全にはコントロールできないし、すべきでもない（これは独禁法による）。もちろん、M＆A（企業の合併や買収）を通じて、他の法人を子会社にするなどの方法でコントロールすることは可能である。ただ日本企業が外国企業を買収してもあまりうまくいかない事例が多い。例えば、東芝はアメリカの原発大手ウェスティングハウス（WH）を買収したが、WHの経営陣は東芝の言うことを聞かず、企業統治は形骸化し、東芝は莫大な損害を被った。

しかし、このような状況下で、人工物の製造に必須の部品の製造、供給が行われている。分業は、高度な製品を大量に生産することを可能にするが、そこには法人というものいくつもの「他人」が多様に介在する。一つの法人が、他の法人が製造した部品について、完全に把握することは不可能であるし、完成した人工物の品質に関しても見えない部分はかなりある。その時、人工物が事故を起こすとするならば、その原因を探ることは至難の業となるだろう。

さらに、一つの法人の内部においてみても、一つの命令系統の下に、設計のチェックや品質管理が行われるとは限らない。例えば、アウトソーシングしている場合には、トラブルが起こっても、他社に手を突っ込んで調べることは困難である。法人は一種の人であるために、ある種のプライバシーや自治権が認められているからだ。

この点が明らかになったのが、二〇〇七〜二〇〇八年のいわゆる毒餃子事件である。日本企業は、中国企業に餃子の生産を委託していたが、中国側に生産管理、品質管理の方法を教えた上で、外部からも管理していた。しかし、日本側の調査が入る時だけ中国企業が衛生状態を良くしたりするなど、現状を偽っているとなかなか手をつけられない。中国での食肉偽装でもそうだった。契約はできる。しかし、すべてが保証されることはあり得ないのだ。

さらに、下請けによって「見える化」が難しくなる例として、「サイレント・チェンジ」と呼ばれるものがある。[17]

一般に、下請けに出す場合は、納品時に検品するが、この時、部品の成分も含めて細かくチェックする。ただ、それが何年も続く間に、下請け業者が、成分を安いものに変えたり、製法を変えたりすることがある。NITE（製品評価技術基盤機構）はこの問題を、「サイレント・チェンジ問題」と呼んでいる。このような品質の低下は、見た目は特に変わらないので、気がつくことが難しい。だが、それを知らずに製品の部品として使用していると、それが原因となって事故が起きることがある。これは、部品の検収の問題でもある。

もはや、人工物に関しては、自然人としてのエンジニアの倫理だけを言っても仕方がない状況となっているのは明らかだ。そして、エンジニア個人が、このような社会システムを理解して、自分の仕事を進めないと、大きな問題に巻き込まれる可能性が十分にある。

生産現場においては、古くは『女工哀史』のように労働者の働かせ方の過酷さが問題になっていたし、現代でも「ブラック企業」といった言葉が存在する。その意味で、大量生産と分業がもたらした問題は確実にあるし、労働衛生の問題も存在し得る。

これに対して研究開発の現場において、分業は、別種の問題をはらむことになる。つまり、製造業者はすべての製品を内製しなくて済むわけだが、外部から調達すればいいとすると、多様な知識の集積も必要がなくなる。個人がすべての知識を備えていなくても、部品、材料を所与として、さらに進んだものづくりができる。こうして、複雑な人工物が作られることになるが、この時、その全体を俯瞰できる者はいるのだろうか。

人工物の製造に、分業は不可欠であり、それ故、法人同士は連携する。だが、人工物の複雑化に伴い、組織や組織同士の連携もまた複雑化する。こうして、製造の統制・コントロールができなくなっている。これは組織の持つ、技術論の基本問題である。

こうして、人工物は、だんだんとブラックボックス化していく。そして、この「ブラックボックス」が事故を起こした時、いったい、その責任は誰がとることになるのか。契約という法的行為によって、すべてをコントロールすることも難しい。それが「ソーシャル・アクシデント」の時代の問題の一つである。

3．組織・システム

技術を補完する制度・システム

人工物の事故には科学技術に関わる問題のみならず、制度・システムも大きく関与する。科学技術は、社会システムによって補完されて初めて社会の中で機能している。よく効く薬は毒でもある。うまく管理し、適切な仕方で使う場合にのみ、薬として機能する。原子力発電所も同じだ。そのために社会的規制の下で、環境までも、監視、制御、コントロールすることが必要となっている。

このことは、科学理論に焦点を当てた問題設定だけでは、事故を扱うこともできなければ、ものづくりをすることもできないということを示している。他人に対する配慮が倫理問題の中心であるのなら、事故の倫理学においては、当然ながら、科学技術だけでなく、社会システムなどの人工的環境も考察の範囲内となるだろう。

その一例として、一九一二年、処女航海中に沈没したタイタニックの事故について見てみよう。[18]

タイタニックは特別な安全設計がなされており、当時「不沈のタイタニック」と呼ばれていた。その理由の一つは、一八五八年に進水したグレート・イースタン号の二重船殻《せんこく》構造という設計方式（I・K・ブルネルの設計）を受け継いでいたことにある。岩礁との衝突などで船体に穴が開くことが沈没の原因なら、船底を二重にすると安全性は増すことになる。そしてタイタニックは、どの二区画が満水となっても完全に浮くことができ、四区画が浸水しても耐えられるように、船体は一五の水密隔壁で前後に一六区画、分かれていた。さらに、当時の最先端技術であった無線通信の設備（三つの独立した電源を備えてあった）もあり、少しぐらい問題が起こっても、沈没する前に乗客は安全に救助されるはずであった。起こりうるリスクに対処し、通信のための予備の設備（一般的な言葉では、冗長性）まで備えていたのはさすがだと言える。

このような装備を持ったタイタニックだったが、氷山が船腹をかすりつつ圧迫し、よりにもよって多数の区画に同時に水が入ってしまった。不沈を過信していたこともあり、乗員すべてが乗れるだけの救命ボートの数はなく、しかも、沈没の速度も速かった。結果、この事故で、約一五〇〇人もの人が海に沈んだのだった。

当時の技術の粋を集めたとも言うべきタイタニックでさえ、事故から逃れられなかったわけだが、この事件の後、安全確保のための「制度」による補完がなされることになった。

特徴的なものは、無線通信に関わる制度の整備である。

無線通信の始まりは、一八六四年にイギリスのジェームズ・クラーク・マクスウェルが電磁波の理論を唱えたことにある。その後、一八八八年、ドイツの物理学者H・ヘルツが電波の存在を発見した。これらの科学的発見を踏まえて、一八九六年、イタリアのグリエルモ・マルコーニが無線通信の実用化に成功し、通信会社を設立した。無線通信は、有線では通信のできない船や飛行機との通信手段として使われるようになる。そして、マルコーニの特許に基づく通信施設は一八九八年、イギリスのロイヤルヨット（イギリス王室用ヨット）に装備されて以来、急速に利用が広まり、一九一二年頃までには、数百隻の船が無線通信の設備を持つまでに発達したと言われている。だが、無線通信は、緊急時に役立つことは多少、意識されていたものの、例えば氷山の移動など、航海に活用できる重要な情報を共有するツールとは、まだ考えられていなかった。

さらには、通信士は航海士のような位置づけにはなく、船客係と同じ部門に所属するある種のサービス要員だった。そして、通信士は船の船員ではなく、通信の特許を持つマルコーニの作った会社からの派遣員であり、そこでの通信の仕事の基本は、金持ちの乗客が船上から故郷へ便りを送ることであった。これがマルコーニ室と呼ばれていた通信室のビジネスモデルだった。

通信士は無線で救援を呼ぼうとした。だが、深夜は多くの船の通信士も眠りについていて気づかず、また沈没も速く、救助船の到着以前に沈んでしまった。つまり、この時代の無線は、安全確保の技術としてはまだしっかりとは捉えられていなかったのである。

マルコーニはノーベル物理学賞をもらったが、その技術を安全確保のために使いこなすような社会システムは成熟していなかった。そして、タイタニックの事故後、無線通信が夜間でも機能するための制度、より一般的には「海上における人命の安全のための国際条約（ＳＯＬＡＳ条約）」が作られることによって、国際航路の安全は増すことになったのだ。科学技術は、社会システムによって補完されて初めて社会の中で機能するのである。

制度・システムの多様性

技術を補完し、安全性を確保しようとする制度・システムは多様である。自動車を例に見てみよう。自動車についても、様々な制度・システムが整備されてきた。

実際に起きた交通事故に対して、短時間で被害者を救出する必要がある。これも一度きりではいけない。すると、一つの方法として救急搬送のシステムを作る必要がある。仕事として常に交通事故を見張り、病院へと搬送する人間がいなければならない。病院には救急搬送を受け入れる設備がなければならないし、事故はいつ起きるかもしれないので、夜中でも医師が待機する必要がある。そして、このようなシステムは、事故の起こる件数を勘案して、必要な救急車の数とか、指定された救急病院の数なども摑んでおかねばならない。

交通信号のシステムでも、送電が止まると機能しないので、電源の供給について冗長性を考慮して考え、予備電源を準備するといった対処をしなければならない。もちろん、電気を使うのだからお金がかかる。それを誰がどう払うかも決めておかねばならない。さらに、信号によって渋滞が起こることも分かっている。そのために、青信号の点灯する間隔を調節することによって、自動車の速度に合わせて流れを良くすることなども考えられている。

これらは交通工学の仕事だけでなく、財政や、医療政策（救急指定と補助金の関わり）など多様なシステムを使ってなされている。しかも、持続可能性が必要であり、また地震といった大きなトラブルがあった場合の復旧の仕方なども考慮して作り上げられている。

さらに、車検やリコールというシステムもある。リコール（製品回収、修理）のシステムがうまく機能しているなら、今、目の前を走っている自動車は基本的に機械として安全だということが保証されていることになる。そして、日本が誇る車検のシステムは、故障した自動車がいつまでも公道を走り続けることをなくすシステムだとも理解できる。

ミスを防ぐシステム

また、制度・システムにより、我々はミスを防ぐこともできる。

人間の注意力には限界がある。ミスは個人の根性でなくせるものではない。そこで、安全なシステムを構築することが必要になる。[19]

例えば、薬の名前は似たものがいろいろとあり、プロである医師や薬剤師であっても思い違いなどを起こし、時としてひどい被害が生じることがある。この問題に対処するために考えられたのが、バーコードリーダーを使って薬の管理を行うというシステムである。自動車の組み立てでも、部品の取りつけの間違いを防ぐためにバーコードやＩＣチップを使った管理が行われており、どのような部品をどこにつけるかが分かるようになっている。つけ間違いをした場合も、これによって気づけるようになっている。

フェイルセーフという考えもある。一昔前、ワープロで論文を書いていて、「できた」と思って気を抜いてそのままにしてスイッチを切ることがあった。できあがったはずの論文がすべて消えてしまって「今までの努力は何だったんだ」と思うことも生じた。ただ、今では電源を切る時に、もしくはプログラムを終了する時に、「ファイルを保存しますか」とコンピュータの方から聞いてきたり、自動で保存しておいて、プログラムを再開する時に論文の「ファイルを復元しますか」というメッセージが画面に表示されるようになっている。人間はいろいろな場面でちょっとしたミスを犯すものであり、そのミスでひどい結果が生じるのは避けたいところである。この意味で、人間をシステムがサポートするのはうれしいことである。

このように、ミスをシステムによって解決しようとする方法は、様々な仕方で、多方面において使われている。言い方を換えれば、人間は、このようなシステムに依存することによって、ミスを防ぎ、安全な社会を作っている。

だが、それでも事故は起きるし、考えていなかったことが発生する。そういったシステムを形成しているのは、機械といった複雑な人工物であり、その複雑さ故に、一〇〇パーセントの安全は、あり得ないと言っていい。

基本的に、現代のような社会では、安全にとってシステムという人工物が大きな役割を果たしている。我々は、それに依存して生きるしかない状況にある。ただ、完全に依存することは、もともと無理である。

4．所有権をめぐる問題

経年劣化と制度

一般的にみて、人工物を長期間使用する場合、劣化は必然である。この時、その人工物を回収し、修理するといった社会的な制度・システムが必要となる。その一例として、消費生活用製品安全法について見てみよう。タイタニックに限らず、事故の後、制度が整えられることは多いが、この法律も、松下温風機の事故を受けて、改正されている。

松下電器産業（当時）のＦＦ式石油温風機が一酸化炭素中毒事故を起こし、死者を出したのは二〇〇五年のことだった。原因は、ゴム製の二次エアホースが一〇年以上の使用によって劣化して、亀裂が発生したことにあると言われている。

同年四月二〇日、同社は対象製品の無料点検・改修を決定し、社告や新聞の折り込みチラシを入れるなどの措置をとったが、同年一一月二一日、新たな一酸化炭素中毒事故が発生する。経済産業省は一一月二九日、消費生活用製品安全法第八二条に基づく「緊急命令」を松下電器産業に対して発動した。

ただし、回収および点検・改修は思うように進んでいないようだ。同年一二月一九日時点で回収済みが約三万一〇〇〇台、点検・改修済みが約二万台、廃棄確認済みも約二万台。これから点検・改修するものを含めて同社が存在を把握できているのは約八万四〇〇〇台だ。行方が分からない七万台弱は大多数が既に廃棄されているという見方もできるが、現在どれくらいの台数が使われているかに関しては「全く手掛かりがない」(同社)。同社は終わりの見えない対策を強いられている。[20]

このような状況を踏まえ、経済産業省は消費生活用製品安全法を二〇〇七年一一月に改正し、経年劣化による事故を防ぐために、メーカーや輸入業者に点検と表示を義務づけた。これは、「長期使用製品安全点検・表示制度」と呼ばれる。屋内式ガス瞬間湯沸かし器(都市ガス用/プロパンガス用)、屋内式ガス風呂釜(都市ガス用/プロパンガス用)、石油給湯器、石油風呂釜、密閉燃焼式石油温風暖房機、ビルトイン式電気食器洗い機、浴室用電気乾燥機の九品目が点検対象になっている。

この法改正のポイントは、設計標準使用期間を設定したことである。この期間の満了前後に、メーカーは、利用者に通知して、製品を点検しなければならない。また、扇風機、エアコン、換気扇、洗濯機、ブラウン管テレビは、製造年、標準使用期間、ならびに、この期間を越えると経年劣化による事故の恐れがある、という注意書きの表示がメーカーなどに義務づけられた。

消費者は、製品の点検を受けられるよう、購入時に、添えられた所有者票に名前や連絡先を記してメーカー側に送る必要がある。所有者登録である。そして、メーカーから点検期間の通知が来たら、点検を依頼し、実施してもらう。点検や修理の費用は、消費者の自己負担である。また、所有の変更があった場合、メーカーに知らせないと点検の通知は受け取れなくなる。

こうして、ユーザーの所有物（一部の製品についてだが）に関しては、劣化による問題は、メーカーがサポートすることを通じて、ユーザーの責任で対処することが決まった。

だが、ここでは、これまで我々が抱いていた「所有権」という概念が、歪みを見せ始めている。人工物を管理する者とは、通常、その所有者であるとシンプルに考えられているが、そこに変化が起きているのである。

拡大生産者責任と所有権

所有者は、所有物のコントロール権を持つ。もし、私が山で小枝を拾ったならば、その小枝を、杖として使っても、蛇を追うのに使っても、薪として使っても構わない。だが、その小枝を売買契約によって売ってしまえば、所有者が代わり、コントロールする権利は買った人に移る。これと同様、人工物のコントロール権は、その購入者が持っている。

だが、複雑な人工物に囲まれている現在、このような概念が通用しなくなりつつある。

消費生活用製品安全法では、メーカーに、消費者が購入した製品の定期的な点検を義務づけているが、これはある意味、メーカーがその製品の持ち主である消費者の所有権に介入することを意味している。製品をコントロールするのは、所有権を持つ消費者だけではなく、メーカーもまた、コントロール権を持つのだ。さらに、製品のリコールを実効性あらしめるためには、製造物がどの所有者に属しているかが分かることが大事である。所有者は自己の所有物に関しては、絶対的な法的権利を持っているが、ここにおいては、プライバシー（どのような製品を持っているかを開示する義務は通常、消費者にはない）という問題も発生する。

人工物の経年劣化に、制度・システムで対処しようとする時、おおむね、所有権との兼ね合いが問題になる傾向がある。

松下温風機の事故を受けて、『日経ものづくり』の記者である高野敦が掲げた「製品寿命」の導入[21]という論点についても見てみよう。[22]

> ならば思い切って、メーカー保証期間とも補修用性能部品保有期間とも異なる「製品寿命」を宣言するのも一つの手だ。買い替えを促すような意図が見えるようで、すぐには受け入れられない可能性もある。しかし、具体的な製品寿命が決まっていればコストダウンの余地も出てくるし、値下げという形で顧客に還元できる。[23]

これは、一般にメンテナンスを含めてメーカーが対応するという考え方であり、「拡大生産者責任」という、廃棄も含めて製造者、メーカーが責任を持つという提案に近づく。製品を売って終わりにするなら、所有権が移転するだけだが、移転後も、個人の制御範囲が限定され、サービス化を通じてメーカーの責任範囲が拡大すること、つまりメーカーのコントロール権が拡大することになる。

経年劣化という問題を技術的に考える時、高野のいう製品寿命は（技術的にどこまで可能かは、よく分からないが）興味深い提案だと思われる。食品の消費期限と近い考えだ。ただ、食品は味や見た目の変化が分かりやすいし、期限もそれほど長くはない。[24]

食品に関しては、消費期限のラベルなどを通じて、所有物の処分の自由という考えを、安全の面から制限しているとも見える。「制限」ではなく、「勧告」として表示ラベルを捉えるべきかもしれない。命令ではなく勧告であることによって、個人のコントロール権は守られるはずだ。ただ、ラベルを付加することによって、メーカーが法的責任を免れることはできる。言い換えると、期限後は、個人の自己決定の領域ということになる。食あたりをしても、それは食べた本人が悪かったということになる。

さらに、食品について考えるのは難しいが、一般の製品に関して販売形態をリースにすると製品寿命がうまく扱えるかもしれないと高野は述べている。安全という論点が重要であれば、それに応じた所有関係を利用する方がいいだろう。

このように、拡大生産者責任という考え方においては、所有権という所有者の絶対的なコントロール権と、どのように折り合いをつけるのかということが問題となる。

「サービス」をめぐる所有権の問題

私がメーカーにメンテナンスを頼む（契約する）のと、メーカーがメンテナンスまでするという社会的役割を与えられるということは違っている。これはどういうことになるかというと、所有物の責任ということに関して、自分で分かった上で自分の所有物を処分しているというのではなく、外から──政府の命令に従って、政府の庇護の下に人工物を使っていることになる。国の規制というのは、こういう意味も持っている。

法、つまり政府が、個人の所有物の扱いを規定している。すると、事故が起こっても構わないから私は好きに使うと言い出す人もいるかもしれない。アメリカなどでは車検制度がなく、メンテナンスのされていない車が走っているとも言われるので、そういう自律が認められているとも言える。もちろん、所有者は、お金の余裕があれば他人にメンテナンスを頼むこともできるし、自動車技術の知識を持っていて時間に余裕があれば、自分でメンテナンスをすることもできる。事故が起これば、自己責任となる。

だが、我々の周りには、複雑な人工物が多様、かつ多量に存在する。あらゆる人工物を、所有という枠組みの下でコントロールするのは難しいだろう。

メンテナンスで重視される検査、監視が所有権との関わりで、誰がどこまでコントロールするかという問題になる。レンタルでも問題は生じる。安全に関しては、そのコントロールに関して所有の絶対性を主張することは難しくなっている。つまり、知識を持っているメーカーに製造物をコントロールする権限を何らかの形で与えないと、(特に長期にわたるメンテナンスに関しては)安全性が確保されないことも生じている。だとすれば、人工物は個人が所有せず、拡大生産者責任の下で、メーカーを中心とするレンタル社会が将来、形成されることもあり得る。自動運転車に関しても、同じ枠組みの下で考えると、メーカーと近いレンタル会社が、事故の大半の責任を引き受けることになる。これは、いわば自動でエレベータを動かしている百貨店や、モノレールの自動運転をしている電鉄会社と同じ責任関係であって、特に違和感はない。

また、現代のビジネスを見ると、ユーザーが人工物を所有することから、サービスを受けるといった形態に移行していることが分かる。例えば、ソリューションという言葉を使ったビジネスはここ一〇年以上前から普通に行われているが、これは、作った製品を売るというよりも、必要とされている技術や製品を適切に提供しようとするビジネスである。

これは、ものづくりからサービスへという方向性を先取りするものであったが、このビジネスはある面から見ると、他人の所有物に対して、利便性、安全性という観点から介入していこうとするものである。単にものを売り、所有権が移った後は好きに使ってくれ、というのとは違ったビジネスである。

サービスの提供とは、所有者が自分の所有物をすべてコントロールできていれば、いらぬおせっかいに近いことになるはずだ。だが、複雑な人工物については、人は所有しているとしても、使い方をよく分かっていないことが少なくない。だから、このようなサービスが機能する。[25]

ＩｏＴ時代の所有権

同様のことは、ＩｏＴ（Internet of Things）の事例にも見ることができる。

例えば、ＧＥ（General Electric）社は自社製の航空機エンジンにセンサーを装備し、そこから得た稼働データを集めることによって、保守点検、さらには稼働の効率化に関しても提案が行えるようにした。つまり、航空機の運航者でなく製造業者が、設置した機器の多様で詳細なデータを集め、それを分析することを通じて、より効率的な運航を提案するのである。パイロットが飛行機を運航するというよりも、エンジニアがタービンの動きを調節するというイメージだ。この時、コントロールの主導権は、エンジンの所有者たる航空機の運航者のみならず、メーカーであるＧＥも持つことになる。

機械や設備がうまく動けば、機械の所有者にとってはありがたいことである。トラブルが起こる前に対処したり、またトラブルが起こっても短い時間で対処できるということは、その機械を使って生産している製品を、常にうまく作ることができるということも意味している。そして、この段階に、所有者ではなくメーカーが関わろうとしている。機械・設備を売る会社が、顧客企業の生産管理の大きな部分に関与することになるのだ。自社が販売した建機の状態を遠隔で監視し、交換部品を適切な時期に準備し、稼働率を上げるということは、これもＩｏＴの事例としてよく取り上げられているが、建設機械メーカーであるコマツが機械稼働管理システム「KOMTRAX」で行ってきたことでもある。

さて、消費者が人工物を所有せず、サービスを受けるという時、もし、事故や何らかの副作用が起きた時、それに対処するのは一般的にはサービス提供者、あるいはサービスを与えるインフラ提供者だということになっている。例えば、電車という移動サービスにおいて、利用者は、その電車の運行には一切、ノータッチであり、何かしらの機械的トラブルが発生した場合には、電鉄会社というインフラ提供者がそれに対処する。

だが、現代のソリューション提供といったサービスにおいては、どうだろうか。要求に応じたサービスが得られるのは、ユーザー、消費者からすればありがたい話だが、トラブルの発生とインフラとの関わり方が問題となる。

もう少し説明しよう。サービスを機能させるには、それなりの機構や装置が必要となる。電気にしても、変圧器や配電のシステムも必要となる。コンテンツ産業にしても、その背後に通信技術があり、そのまた背後には通信線や電波の送受信機といったものがある。つまりは、我々の社会は、インフラという名の人工物のネットワークに依存しているのであり、サービス産業についても、そこから自由に存在しているわけではない。しかも、我々の社会を支えているインフラには、多様な階層があり、それ故、それらを規制する社会制度・システムも多層的にならざるを得ない。当然、コントロールは単純ではなくなる。

全体を概括的に捉えた場合、インフラという人工物や所有権も含めて、いわば他人に依存した社会にすることとは、どの程度、ユーザー目線に適っているのだろうか。財の所有権は残余コントロール権とも言われるが、所有物を自由に使えるという権利や権力を失ってまで、サービスを受けたいというのが、ユーザーの望みなのだろうか。そして、その裏には、インフラを維持するメーカーや規制当局などの力が多層的に働いている。しかも、インフラのコントロールには機器などの監視の仕組みが必要となる。広い意味での、メンテナンスである。ただ、監視においてはプライバシーという問題も発生する。

政府、企業の介入により、人工物のチェックシステムが多層化する。そして、所有権者、管理者がその人工物についてすべての権力と責任を持つとは、とても言えない状況になる。人工物とともに暮らすことは、様々な管理の複雑性を受け入れざるを得ない社会に生きるということになる。私的所有権という考え方ではけりのつかない、人工物同士のつながりを考慮した社会制度が必要になる。これまでの我々の倫理観、通念は、大きく変容せざるを得ないだろう。[26]

5. 予防とパターナリズム

人工物と安全規制

倫理学においては、他人に危害を与える時だけ、人の自由を制限することができる。これは危害原理の定式と呼ばれる。逆に言えば、危害を与えない限り、その人間の自由を制限することは許されない。嘘をつくこと、人を殺すことは、他人に危害を与えることである。このような行為をする人間を、法や制度によってコントロールすることは、社会全体の安全を維持する上で有効であろう。だが、人工物の安全性を同じように考えることはできない。

まず、人工物の場合、「危害」が見えにくいことがある。人間同士の傷害事件が起きた場合、その加害者（原因）、被害者（結果）は分かりやすく、制度を運用する上で、大きな問題が起きることは、それほどないと言えよう。

しかし、人工物の場合、人に及ぼす危害が判明するのが何年も後のことになることもある。「静かな時限爆弾」とも呼ばれることのあるアスベスト（石綿）は、その一例と言えよう。[27]また、薬の場合、使う人、使い方によって効果がある場合もあれば、ない場合もあるし、効き目が現れるまでに長期間かかることもあり得る。人工物が人に及ぼす影響は、その範囲、そのあり方も様々であり、前もってその危害を察知し、規制するということは、全知全能でもない限り、不可能だと言っていい。繰り返しになるが、また、人工物には個物化という問題がある。

橋や道路といったインフラ、建築物のような構造物は、地盤や環境が場所ごとに異なっており、それ故、完全に同じものは一つもない。また、前にも述べたように経年劣化やメンテナンスの問題を考えると、人工物は個物化せざるを得ない。飛行機にしても、同じ機種であってもメンテナンスをするごとに機体に個性が出てくるし、離着陸の仕方などによって傷む場所が異なってくる。テクノロジーは大量生産のイメージと結びつけられやすいが、どこかの段階で偏りが生じ、金太郎飴ではなくなってしまう。

このように個物化していくものを、ひとくくりに規制しようとする場合、そこには、必ず歪みなり、落とし穴が生じる。人工物が個物化せず、全く同じであれば、それが事故なりトラブルを起こした場合、人工物への直接の対処にせよ、関連する制度の整備にせよ、比較的容易であろう。医学でたとえれば、具体的な疾患が分かれば対処できる。敵が分かれば、それを分析し、攻撃すればいいだけだ。だが、個物化がある場合、その人工物が起こす事故、そのトラブルは一様ではない。いわば、慢性病、生活習慣病を扱うように、人によって異なった対応が必要になる。そうであれば、通り一遍の規制が簡単に効力を発揮できると考えることは、あまりに楽観的過ぎよう。

制度によって、人工物を人間と同様にコントロールすることは難しい。だからであろうか、人工物に関しては、いっそう厳しく規制されている。例えば建築基準法といった安全規制は、多様な分野で数え切れないほど行われている。

安全規制とは、行動を事前に規制することによって社会の安全を確保しようということ——換言すれば、「予防」規制である。

「予防」という規制

予防という概念と、それに基づく制度は、第二章のシートベルトの例でも見たように、パターナリズムと親和的であるが、ここでは、また別の問題について考えてみたい。

メーカーの仕事、そして、そこに属するエンジニアの仕事は、新しいものを作ることにあると言えよう。ここで言う「新しいもの」とは、新製品の研究開発に限らない。橋や建築物を考えると、地盤や光、風などの自然環境が場所ごとに違っているために、既存の設計を単純に真似ることはできない。その意味で、常に新しいものを作らなければならない。

ところで、予防原則とは「他人に迷惑をかける」ことを予め防ごうとすることだが、この時、新しいものが「迷惑をかける」のか否かということは、どのように判断することができるのだろうか。判断できないとするなら、危険を予防するために、いっそのこと新しい技術は使わない方がいいとでも言うのだろうか。もし、そうであれば、新しい技術の芽を摘むことになってしまう。

薬のように、一〇年ぐらいデータを集めてから国の承認を受け、売り出すことが、すべての「新しいもの」には必要なのだろうか。だが実際上、自動車メーカーも製薬会社も様々な実験を繰り返している。この意味で、予防は着実に行われている。さらに、製品に問題が起きた場合、リコールのような仕方で、その回収、修理が行われるような社会システムもできあがっている。

薬にしても、建築にしても、国が規制する権限を持っている。しかし問題になるのは、IT技術に特徴的なように、規制する側の国が個々の企業よりも技術力を持つとは限らない[28]ということだ。実際、一番の技術力を持っているのは、開発を行っている当事者である。規制は必要だが、国が人工物を正確に理解し、社会のためになる規制を行っているかどうかは、不確実である。ちなみに、自動運転車に関しては、いくつかの省庁にまたがる規制が関与しているために、公道実験の許可を得るのも大変な状況である。

エンジニアは、新しいものを作る時、限定合理的であるが故に完璧な仕事を行うのとは違った方法論に従っている。そのため、当然、失敗が生じることもある。だが、その失敗を重ねることによって、安全確保のための新たな知識や方法を見出していくことがある。

一九五四年に起きた世界初のジェット旅客機コメットの連続墜落事故は、その一つとも言えよう。この最新型旅客機は、高高度を飛ぶために、機体の内圧変動を何度も繰り返したことにより、疲労破壊を起こして空中分解したが、このことは、当時の技術水準では予測しがたいものだった。だが、この事故の後で、事故調査の方法そのものが進んだり、疲労破壊の研究が進むことになった。

このように事故調査、事故原因の究明によって技術的な新たな問題が発見され、さらにその解決法が発見されることがある。だが、新しいものを過度に危険視する場合、こういった道は塞がれることになるだろう。ジェット機が開発されることはあり得なくなる。この時、社会全体は果たして、本当に安全な発展を遂げる方向に進んだと言えるのだろうか。

新しいものを作ることへのリスクに対し「予防」を強調する制度によって、社会が本当に安全になるという保証など、どこにもないのだ。特に、多様で複雑な人工物に囲まれた世界で生きようとする場合はそうである。

ものづくりの自由

人間をコントロールする「予防」制度には、例えば治安維持法、伝染病予防法のようなものがあるが、これらは、予め危険な人を隔離することによって、社会の安全を守ろうとする。ただ、人間に対しては、予防ということが人権を制限する問題として取り上げられていることもあり、上記の法律は廃止、あるいは限定されている。

このように、社会にとって危ない思想や危ない病原菌を持っている人間への規制は緩められているが[29]、その反対に、人工物を作ることに関しては、規制が強化されている。

予め、「危険なもの」を作らせまいとすることは、ある程度、理解できよう。だが、「危険」とは、どのように規定されるのか。毒性のあるガスなどは、明らかに危険であるが、風呂でおぼれて死ぬ人は毎年少なからずいる。こういったお風呂の危険性は、どう規定されるのか。こういった風呂桶を予防という観点で規制することは、いかにして可能なのか。

このような問題があるにもかかわらず、人工物の製造には「安全基準」といって規制がかけられている。こうして、技術者や科学者の行動の自由、創造の自由は限定されている。もちろん、この制約条件の下で研究開発を行うことはできるにしても。

政治的自由は称賛される。だが、技術者のものづくりの自由はどうなのか。人工物はなかなかやっかいなので、制限はどうしても必要になるだろう。しかし、技術者の行為を無条件に制限してもいいのか。テロを煽る言説を主張することも表現の自由と言えるかもしれないし、造形家、芸術家は新しいものを作ることが許されている。ロダンの彫刻は鑑賞用であって、実用的な人工物は社会的存在だから、という理由なのかもしれないが、技術者にはある種の新しいものを作ることが許されていないのは、何とも不思議だとも言える。

パターナリスティック化する社会

テロに対する監視は、相手が人間だから限定され得る。人間を監視することは好まれないが、人工物、さらには自然現象の監視には問題は感じられない。社会は、その存続のために、人工物を完全にコントロールしようとするだろう。

ここで考えなければならないのは、誰が規制し、コントロールするかということだ。そこに国、企業組織が関わると、権力支配の問題となる。支配者は安全になるかもしれない。しかし、支配されている人、コントロールされている人は自由が奪われることになる。[30]

コントロールの「自由」が奪われるということは、安全の責任が個人から法人、さらには政府などに移ることを意味する。これによって、素人と見なされることも多い個人の責任は軽減されよう。だが、責任が政府に移ることによって、政府の権限は大きくなる。

政府は人工物の管理に関与しやすい。政府という組織は永続する可能性があり、法治国家はルールに従って動くために、ルールを決めることとも親和性がある。また、学会や産業界も含めて知を集めやすいとも言える。[31] ただ、管理を強めることで、自分の都合に合わせて自由を奪うことも生じる。それに伴い、国はあらゆる局面でコントロールする権限と責任を持ち、「予防」と「保護」の名の下、自由を奪った相手の行動に介入・干渉しようとする――つまりはパターナリスティックになってしまう可能性がある。そして、知識とコントロールの権限が、企業や専門職、政府に集約されるとするならば、我々は、それらの人に依存して生活するということになる。

だが、人間が、自由を犠牲にしてまで、安全を求めるかといえば、はなはだ疑問である。

安全度の高い自動車を設計したとしても、ユーザーにはその安全を使い切る方に向かって使い方を変える傾向が認められる。車線の幅が五〇センチ広がると、車のスピードは五キロ速くなるとも言われる。第二章でもふれたリスク・ホメオスタシス説である。安全を確保すると、人は、それに甘えて危険を冒す。もし、完璧な車両保険が整備され、どんな事故を起こしても新車同様の状態に修理できるとしたら、運転者はきっと危ない運転をやってしまうだろう。

保護された状態の中で安楽に暮らすというよりも、別のリスクをわざわざ取る方へと態度を変化させるというのが人間の心理的事実ならば、パターナリスティックな対応は、遅かれ早かれ、限界を迎えることになろう。[32]

第四章

無過失責任の誕生

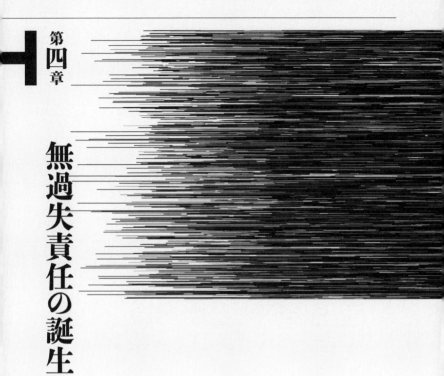

1. 無過失責任と倫理関係

交通事故という名の戦争

一九六〇年代、自動車先進国であるアメリカでは交通事故が激増し、一九六六年には、高速道路での年間死亡者数が五万人を上回った。これは当時のベトナム戦争の戦死者よりも多い数であった。この事態を重く見た、時の大統領ジョンソンは、その年の三月に「交通問題教書」を議会に送り、交通事故を解決すべき一つの問題として設定した。[1]

複雑な人工物が生み出す社会を考える上で、このジョンソン大統領の対処は、象徴的な転換点と見なせよう。[2] 大きな被害を生む人工物の事故が社会問題となったのだ。

それまで、人を大量に死に追い込むものは、戦争を除けば、自然災害や疫病であった。そういった原因による死なら、「まだ科学技術には、自然をコントロールする力が足りないんだ」と、受け入れられるだろうし、大昔ならば神の怒りだと納得できたかもしれない。それが今や、有用で利便性のある自動車という人工物が、大量の命を奪う時代となったのだ。

人工物が、大きなエネルギーを生み出すようになってきた。しかも、それは日常生活の中に存在している。それ故、複雑な人工物は、ほんのささいなことをきっかけに、大きな事故を起こす。しかも、その引き金を引くのは、故意ではなく、ミス＝過失である。

自動車を使い、故意に人を轢けば重罪となる。こういった意図的な行為は、その責任を負わなければばならないというのが倫理学の理念であり、刑法の理念でもある。だが、大抵の事故は、信号を見ていなかった、スマホを見ていたといったちょっとしたミスで起こってしまう。ミス、つまり注意不足は、故意に比べれば責められる部分が減ることになる。また、産業革命以前であれば、人間がミスしても、それほど多くの人に多大な迷惑をかけることは少なかっただろう。[3]だが、複雑な人工物の出現により、ほんの小さなミスを通じて大きな事故が起こる時代になってきたのである。

ここにおいて、制度・システムによる補完が重要となる。ジョンソン大統領の教書を受けたアメリカの議会は、連邦政府が、自動車や装備品の安全基準の設定や、高速道路での安全規制などを行えるとする法案を可決し、各省に分散していた交通関連機関を集め、運輸省を新設、自動車に関わる社会的安全の確保を図り始めた。

エヴァンス・ルールとラーセン・ルール

さて、当時のアメリカでは消費者運動が高まっていたが、それを背景に、『どんなスピードでも自動車は危険だ』（一九六五年）の執筆者、ラルフ・ネイダーが登場する。ネイダーが、自動車メーカーという大企業が利益優先で安全対策を怠っていると訴えたことにより、自動車の安全問題はアメリカにおいて大きな社会問題となっていった。企業の責任がクローズアップされ始めたのである。

ネイダーは著書の中で、ゼネラルモーターズ社のコンパクトカー〈コルベア〉を弾劾するなど、当時、販売されていた自動車の様々な欠陥や問題点を指摘したが、その中に、衝突安全性、特に二次衝突の問題[4]があった。二次衝突とは、車が衝突事故を起こした時に、ドライバーが車内の設備とぶつかる事故であり、フロントガラスに突っ込んで頭の怪我をするというのが、その典型となる。そして、一九六六年、二次衝突で怪我を負ったエヴァンスという人物がゼネラルモーターズ社を訴える裁判を起こした。

エヴァンスは、自動車の衝突事故において傷害を被ったのは、ゼネラルモーターズ社の設計に過失があったからだと主張したが、裁判所は、まずメーカーの義務は、生産物を、その意図された使用方法（intended use）に合わせて設計・製造することだと規定した。そして、他物との衝突は、自動車の意図された使用方法には含まれていないとし、メーカーには衝突の可能性を考慮した車両を設計する義務はなく、それ故、過失には当たらないと、原告の主張を却下した。

つまり、自動車は走行し、曲がり、止まるものであるが、衝突事故を起こすためのものではない。ブレーキの効かない自動車は、当然、欠陥車だが、二次衝突に対してまでも安全性を考慮する義務は企業にはないというのが、この判決の言わんとしたことだった。いわゆる「エヴァンス・ルール」と呼ばれるのがこれである。

だが、その二年後の一九六八年に、ラーセンという人物が、エヴァンスと同様、二次衝突で怪我を負ったという理由でゼネラルモーターズ社を訴えた。

これは、ネイダーが欠陥車であると糾弾した二台のコルベアの正面衝突事故をめぐるものであり、その際、ラーセンは二次衝突で胸を強打した。そして、ラーセンは、こういった被害にあったのは、製造者であるゼネラルモーターズ社の設計上の過失だと、エヴァンスと同じ主張したのだが、この時、裁判所は、ラーセンの主張を認め、次の判決を下した。

> なるほど自動車は衝突を目的として作られてはいない。しかし、日常ある程度の頻度で不可避的に事故に遭遇し、障害を生ぜしめている状況の下で、自動車製造業者は衝突事故の発生を当然に予見することが可能であり、したがって、単に製品の「意図された使用」だけでなく、こうした予見可能な用法（foreseeable use）にとっても安全なように、製品を設計する義務を負う。[5]

この判決は、その後、「ラーセン・ルール」と呼ばれるようになり、全米のほとんどの州で採用されるようになった。

走らない自動車は欠陥品であり、メーカーはその購入者に対して当然、責任を負わねばならない。なぜなら、走ることは、自動車の「意図された使用」だからだ。しかし、ラーセン・ルールによって、安全もまた、自動車に備わっていなければならない根本的な機能とされた。そして、それに対してその義務を負うのは、メーカーであるとされ、厳格責任——つまり無過失責任が企業に求められるようになってきたのである。

変貌する倫理関係

かつて、自動車はホースレス・キャリッジ（馬なし馬車）と呼ばれていた。また、フォードのマスタングは「野生の馬」というキャッチフレーズの下、宣伝が行われていた。一九五〇〜六〇年代、アメリカでは自動車は馬に類するものと見なされていた。

馬に乗る場合、振り落とされることがある。また、馬が驚いて暴走し、他人に怪我をさせることもある。その時、自分が馬から落ちるのも、他人に怪我をさせるのも、馬に乗っている人の責任であり、誰も馬に責任があるとは言わなかった。馬は単なる道具である。もし、暴走させたくなければ、馬の性格をよく知ることが必要だ。こうして、人は馬を自由に操ろうとする。もし、馬から落ちるのが怖ければ、馬に乗らなければいい。人は、自らリスクを引き受けることで馬に乗る「自由」を選ぶことも、馬に乗らないことで得られる「安全」を選ぶこともできた。

仮に馬上にいる二人が接触したとしよう。この時、この接触で生じる関係は、単純な対人関係であり、そこに道具たる馬は介在しないということになる。だとすれば、この二人の間にある倫理的な問題を解決すればそれで済む。

道具の改善、すなわち馬をしっかりと調教し、上手に乗りこなすことは、馬主の行為の一部であり、暴れ馬をうまく乗りこなす人は、尊敬の目で見られていたことだろう。その意味で、西部の男のように馬を乗りこなす人間は、自律的な人間のモデルとして理解しやすい。馬に乗って他の馬上の人を煽ったり、威嚇したりすることもあっただろうが、そういったトラブルは、馬上にいる二人の個人、つまり、自己決定することで自由に行為する二個人の倫理的関係の枠の中で処理すればよかったのである。

だが、そこで自動車が登場することになる。

当初、自動車は馬と同様に見られていたので、事故が起こっても、それはドライバーのモラルや運転技術の問題であり、その責任はドライバーがとるべきだと考えられていた。そして、事故を起こす自動車は一種の「暴れ馬」であり、「暴れ馬」は調教と、乗り手のテクニックでコントロールできると考えられていた。もし、事実がその通りであれば、有効な事故対策とは、ドライバーへの教育・指導、そして罰を通じて人々の行動を変えるという刑法の一般予防という考え方がその方法になる。だが、事故による死者は、いっこうに減るきざしを見せなかった。そしてその一方で、自動車は増え続けていった。

そこで、ラーセン・ルールが登場し、製造物責任法を通じて、メーカーが自動車の安全性に義務を負うことになったが、ここにおいて、従来の倫理関係――我々が子供の頃から教えられた対人関係とは違った人間関係が生じるようになった。

かつて、事故が起きた場合、そこにあるのはドライバーという行為者と被害者という個人関係――つまりは二項関係であり、「道具」として見なされていた自動車は、倫理的にはその間に介在しなかった。だが、製造物責任法により、二項関係の間に、人工物たる自動車と、さらにはそれを作ったエンジニアやメーカーまでも事故に関係する行為者として介在するようになった。そこでは、三項関係、多項関係としての人間関係が問題となる。メーカーを巻き込むことを通じて、事故の責任の所在を、ドライバーという自動車の所有者・使用者に帰することでは終わらなくなったのだ。

馬による事故は人間観の変化をもたらすものではなかった。事故を、馬に乗る人の倫理的問題として解決すればよかった。しかし、自動車という人工物の事故においては、それだけでは済まないことが生じてきた。そして、人工物が所有者の完全なコントロール下にあるという近代的な法・倫理の前提とは相容れない方向に、制度が変わることになった。それまで、自らの責任の下に自己決定を行い、自由に行為する者であったドライバーは、自動車そのものの安全を目指すという中で生まれた「製造物責任法」によって、保護されるべき人間と見なされることになったのだ。

こうした制度による補完は、自動車の安全性を高め、事故を防止する上で、実質的に効果を上げた。だが、人工物の使用が起こす事故に焦点を合わせることによって、自己決定するという人間観と、それを前提にしていた倫理関係が変質した。ここにおいて、事故とそれをめぐる責任を、直接の加害者と被害者という人間だけを問題にするだけでは語れなくなったのである。これもまた、ソーシャル・アクシデントの時代の、大きな特徴の一つである。

2. 製造物責任法の動向

製造業者への帰責は妥当か

所有権と処分権について、あらためて考えてみよう。

もし、店頭で購入した食料品に有毒物が混入していれば、それは本質的に欠陥品だと言えるだろう。だが、消費者が調理の方法を誤って胃痛など起こしたとしても、それは、販売者、あるいは製造者の問題とはならないだろう。つまり、食品に関しては、適正な仕方で所有権を持ったものが、それをどう扱ってもいい。つまり、安全性を含むすべての処分権を持つことになる。

しかし、自動車になると話は違ってくる。

走らない自動車は明らかに欠陥品だ（ディーラーは修理や交換には応じるだろう）が、ドライバーが、運転を誤ることもある。その場合は、どうなるのか。

この問題について、エヴァンス・ルールは、自動車の衝突は、製品の普通の使い方、つまりは「意図された使用」（intended use）には当たらず、従って自動車製造業者は、衝突事故に対して安全な車両を設計する義務はないとした。

だが、この判断をラーセン・ルールが覆し、自動車の衝突事故に対する安全性に対してメーカーは義務を負うものとした。

このことは、たとえ損害が製品の使用者のいわゆる誤使用（mis-use）によって発生したとしても、もしその誤使用が、製造業者にとって合理的に予見しうるものであれば、製造業者はなお責任を免れ得ないことを示したことになり、製造業者の責任は著しく強化されたことになる。[6]

ここにおいて、自動車メーカーとそこに属するエンジニアは、ユーザーによる「意図された使用」法ではない使い方、もしくはよく起こる誤用まで配慮し、自動車を設計しなければならなくなった。自動車に「屋根をつけろ」とか「ウインカーをつけろ」といった規制をするのとは違って、ドライバーのミスという行為を、いわば他人であるメーカーがサポートせよ、という規制が行われることになったのだ。また、最近の自動車は、ブレーキを踏まないと、エンジンがかからない。だが、人工物がいくら複雑だからといって、そのリスクを一元的に製造業者に帰責するのは無理であろう。あまりにも人工物の安全や責任を、設計者が完璧にコントロールできると過信され過ぎているというきらいがある。

この点において、「ラーセン・ルール」以後の、製造物責任法をめぐる動向を、アメリカにおける不法行為法のリステイトメント[7]を通じて見てみよう。

一九六五年の状況

「リステイトメント」とは、各州の判例の動向をまとめたものである。判例の積み重ねで裁判上のルールが決まる判例法主義をとっているアメリカでは、このリステイトメントが法の運用の方向をリードしているが、製造物責任法がもてはやされた時代、つまり一九六五年の第二次不法行為法リステイトメント四〇二A条は次のような内容となっている。[8]

四〇二A条　利用者または消費者に対する有形的損害についての、製品売主の特別責任
①利用者もしくは消費者、またはその財産に対して、不相当に危険な状態にある製品を販売する者は、次の場合に、それによって最終利用者もしくは消費者またはその財産に対して生じた有形的損害について責任を負う。
(a) 売主が、かかる製品を販売する業務に従事しており、かつ、
(b) 製品が、販売されたときの状態に重要な変更を受けることなく、利用者または消費者に到達することが期待され、かつ現にそのように到達している場合。
②第一項の準則は、たとえ次のような場合であっても適用される。
(a) 売主が製品の調整および販売に当たって、あらゆる可能な注意をつくし、かつ、
(b) 利用者または消費者が、売主からその製品を買わなかったり、あるいは売主といかなる契約関係にもなかった場合。

ここではまず、契約（売買したという関係）がなくとも、売主の責任を問えることができると示されている。しかも、「売主が製品の調整および販売に当たって、あらゆる可能な注意をつくし」ても、購入者の有形的損害について責任を負うという厳格責任——日本でいうところの無過失責任を負うと

いう表現になっている。

そこに示された厳格責任の考え方は、多くの人々の共感と賛同を呼び、またたく間に全米各州の裁判所の採用するところとなった。[9]

これが一九六五年当時のアメリカの状況だった。

厳格責任から絶対責任へ

さて、もともと製造物によって被害を受けた時に訴訟をする場合、製造業者の過失を証明することは難しい。メーカーが製造ラインで具体的にどのような失敗をしていたかは、外からはうかがい知れないからである。

しかし、何千人もの人々が複雑な機械や強力な薬によって、そういったことを知らないまま損害を被っている。悪いのは設計それじたいであり、すなわち製品操作の理論であるから誤った決定をした設計者に責任を課すのが適当である。自動車の衝突事故で、ハンドル部分が、運転者の胸や頭に突き刺さる可能性のある自動車をつくることは安全についての賢明なアプローチではない。不適切な位置に鋭利な物体のある自動車を製造すれば、製造業者が訴訟の格好の標的となることについてはほとんど議論の余地がない。[10]

このような考えに基づいて、メーカーへの無過失責任は、さらに厳しいものとなっていく。

一九七八年、カリフォルニア州最高裁判所は、飛躍的に絶対責任の原則へ接近した。この原則のもとでは、たとえ製造業者のそれぞれの行為が容認されるものであっても、賞賛に足りるものであっても、製造業者は製品を使用したことに起因するいかなる損害に対しても責任があるとされる。この事件においては裁判所は、伝統的な挙証責任を逆転させた。もし、原告が製品に危険があることを示すことができれば、製品をより安全にする実行可能な設計が存在しなかったことを立証するのは、被告の責任であるとした。それは大変な規則である。なぜなら、訴訟を引き起こす事故を避けられたかもしれないような設計変更を示唆することは、ほとんどの場合可能だからである。この判決の効果は、厳格責任を越えて製造業者の義務を拡大したことである。製品の破壊力の及ぶ範囲内に入ったものは誰でも、法律的には損害をこうむったことになってしまう。[11]

ここで忘れてはならないことは、これまで述べてきた通り、設計というものは、多数の制約を考慮しつつ行われるものであり、それぞれの制約同士はトレードオフの関係にあることも多いということだ。[12]設計変更の提案は容易にできる。運転席の横のガラスが割れて怪我をすることがあるが、それを鉄板にすれば当面の問題は解決される。問題は、それでいいかどうかだ。つまり、側面が見えなくなるという変更によって、どのような副作用が生じるかまで考えた設計提案であるかどうかということである。こういった判断は、実際、設計者の専門的な知識に依存するしかないだろう。

性能、耐久性、外観、使いやすさ、費用などのきわめて微妙なバランス衡量が設計の選択にかかわってくるわけで、はたして裁判所が製品設計の欠陥の有無を判断することができるかどうかという疑問が生まれる。ジェームズ・A・ヘンダーソン・ジュニア教授は、安全基準を特定することは、本質的に多中心的（polycentric）であるから、裁判ではそのような判断を下すことはできないと論じている。

製品の安全性はどれくらいあれば十分といえるか、という質問に対する賢明な回答は、安全性だけでなく市場価格、機能上の有用性、そして審美性のような要素を考慮し、それらの適切な均衡を達成する過程があってはじめて与えられる。究極的にその問いは、「社会の限られた資源のうち、他の社会的目的に振り向けるべきものを削りながら、どの程度を安全性に割り当てるべきか。」ということに帰着する。[13]

面白いことに、この論点は、設計における安全性は専門家である設計者、エンジニアの判断に依存するという帰結を含んでいる。

だが、このような設計者、エンジニアの優位性を否定する考えもある。

ヘンダーソン教授を辛辣に批判する四人の批評家が指摘するところによれば、「(製造物責任)事件の焦点は明確に定義づけられている。すなわち焦点は、その製品が最低限の製品安全許容基準を満たしているか、いいかえれば、その製品が不合理なほど危険なものでないかどうかである。[14]」

だが、この場合も、コストベネフィット分析(あるプロジェクトに対して、かかった費用とそこから得られる利益を比較して評価する手法)が判断基準になっているとも考えられる。それを「不合理なほど」という形容語句が示しているが、これを判断できるのは、やはり設計者であり、エンジニアという専門家であろう。この点がポイントになってくる(もちろん、原告側証人としてエンジニアがつくこともある)。

以上のような論争を通じて、製造物に関する全面的な厳格責任という論点は変更を受けざるを得なくなる。

区分化された欠陥の概念

このような議論を通じて一九九八年になると、米国第三次不法行為法リステイトメントの製造物責任法が刊行される。

ここにおいて特徴的なのは、第二条（b）項であり、その条文は次の通りである。

販売者その他の配給者、もしくは配給の商業的な連鎖における前位者（a predecessor in the commercial chain of distribution）が、もし合理的な代替設計を採用しておれば、その製品がもたらす被害の予見可能なリスクを減少または回避することができた場合で、かつその代替設計を採用しなかったことがその製品を合理的に安全なものにしなかった場合には、その製品には設計上の欠陥がある。[15]

ここでポイントとなるのは、「代替設計」と「合理的に安全」という二つの概念だ。

これまでの第二次不法行為法リステイトメント第四〇二A条では包括的に定義づけられていた「欠陥」の概念を、「製造上の欠陥」「設計上の欠陥」「警告・表示上の欠陥」の三つの類型に区分するとともに、それらに対する製造業者の責任を、それぞれ性質の異なったものとして規定すべきものとされたのであった。

その背後にある考え方は、次のようなものであった。即ち、第二次不法行為法リステイトメントにおける厳格責任のルールは、その成立当時、製造物責任事件の大部分を占めていた製造上の欠陥だけを念頭に作られたため、同じルールを設計上の欠陥および警告・表示上の欠陥に適用することには、もともと無理があった。現実に、その後の判例の展開を眺めるに、全米各裁判所における判断の実際は、リステイトメントの文言にもかかわらず、設計上および警告・表示上の欠陥をめぐるケースで、必ずしも無条件に厳格責任を適用せず、むしろ実際の運用面では、過失責任に近い結果となっている。だとすれば、この現実を直視し、リステイトメントの文言を判例の実際に合わせることが望ましい[16]。

こうして、米国第三次不法行為法リステイトメントにおいて、欠陥の概念は「製造上の欠陥」「設計上の欠陥」「警告・表示上の欠陥」の三つに区分されたが、「製造上の欠陥」についての責任に関しては、第二次不法行為法リステイトメントと同様のスタンスをとっている。

ある製品が、「その意図された設計から逸脱している場合」には「製造上の欠陥」とされ、それに対して製品の製造業者等は、「たとえその準備・販売に際し、あらゆる可能な注意が尽くされていたとしても」なお責任を免れることはできないものとされている[17]（同条（a）項）。

つまり、製造上の欠陥に対する企業の責任が、「あらゆる可能な注意が尽くされていたとしても」一切、免責の理由とはなっていない。そのため本来の意味での厳格責任となっているが、「設計上の欠陥」に対しては、これとは異なるスタンスをとっている。

設計上の欠陥に対する責任は、あくまで「予見可能なリスクを減少または回避することができる合理的な代替設計の存在」ならびに「その代替設計の不採用による合理的な安全性の欠如」の二つが、不可欠な前提とされている（同条（b）項）。そして、その判断に当たっては、危険効用衡量テストと呼ばれる、製品の持つ長所と短所に関する独特の比較衡量が必要とされる。その際、合理人（reasonable man）の立場から見た当該設計と代替設計との間の比較が求められるが、そこでの判断の基準は、過失責任における伝統的な「合理性」の基準に近いものとなる。[18]

これと同様、警告・表示上の欠陥に対する責任に関しても、指示・警告の適否を判断する際は、「合理性」の基準が用いられている（同条（c）項）。指示・警告についても、コミュニケーションの問題があり、さらにあらゆる問題についてその可能性を書き尽くすことはできない（例えば電子レンジで温めてはいけないものの事例を、将来、作られる製品を含めて、書き尽くすのは無理だろう）ので、ここで「合理性」の基準を使うことは納得のいくものであろう（第一章「3．価値としての人工物」で取り上げた、「お仕置きブレーキ」は、合理性の基準が実際上、容易に決められるものではないということを示唆している)。

こうして、今後は、製品の設計の欠陥と警告・表示上の欠陥に関しては、「合理性の基準」に従うことになる。これは、製造上の欠陥が厳格責任、無過失責任であるのとは違っている。実はもともと、第二次不法行為法リステイトメントの「第四〇二A条は、設計上の欠陥もしくは不十分な警告のまま販売された製品に対する責任について、殆ど言及していなかった。一九六〇年代の初めにあっては、こうした訴訟領域はまだ揺籃期にあったのである」[19]。それがより明確になったとも言える。

無過失責任を免れた「設計」

結局、設計に関しては、製造上の欠陥とは違って、過失責任に近い形での責任が問われることになるしかなかった。

設計上の欠陥および警告・表示上の欠陥を追及しようとする原告の側からすれば、単に問題の製品が「不相当に危険なものであった」と主張するだけでは足りず、「それに代わるべき合理的な代替設計が存在し、しかもそれが現実に実現可能なものであったこと」、ならびに「もし当時、それを用いておれば事故は予防できたこと」を、証明しなければならないことを意味する。[20]

人によっては「危険効用衡量(risk utility balancing)」と名付けている、長所と短所についての独立のある種の評価が必要である。製品は、単に危険であるというだけで、一般的に欠陥とされるのではない。製品を有用で望ましくする特徴を過度に犠牲にすることによっても、多くの製品関連の事故コストを削減することが可能である。したがって、事故コストをより公正かつ効率的に負担するには、それを事故の犠牲者が負担した方がよいか、それとも裁判所が製品の販売者に課す責任コスト分を製品価格引き上げのメカニズムにより、消費者一般で負担した方がよいか、それを決定するに当たっては、さまざまなtrade offを考慮する必要がある。[21]

このような論点は、原告にとっては負担だが、設計の現実を考えると、当然とも言えると思われる。

社会が過度に安全な製品——例えば、最高速度が時速二〇マイルに設計された自動車——から利益を受けないのは、リスク過多な製品から利益を受けないのと同様である。社会は、製品の正しいもしくは最善な量の安全性が達成されたときに、もっとも利益を得ることができる。公平の観点からは、製品の適正使用についての相応の責任を個々の使用者および消費者に要求することによって、不注意な消費者が、注意深い消費者から助成を得る結果になることを防ぐことができる。すなわち、そうでないと、注意深い消費者がより高い価格を支出することにより拠出した基金から、不注意な消費者が賠償金を受け取ることになるからである。[22]

技術論の観点からすれば、設計は専門的な仕事であり、制約同士の相互関係を考慮しつつ設計するのは素人には難しい。その上で問題が生じたとすると、代替物との対比によってのみ何が問題であるかが分かる。しかし、その時「部分的に最適でない」ことを示しても、それだけでは欠陥の証明とはならない。電球は割れると危ないが、そのためにすべての電球を欠陥品と言っても、意味がない。

例えば、一九七〇年代のフォード社のピントという小型自動車は、後方部にガソリンタンクを置き、後部から追突されると火災の起きやすい設計となっていた。そして、その危険性をメーカーは認識しながら製造を続け、一九七八年、ついにはその爆発炎上事故をめぐる裁判において、製造物責任法によって莫大な懲罰的損害賠償を支払うことになった。

だが、ピントの設計にはもちろん問題があるにせよ、「設計上の欠陥」という概念が無批判にまかりとおるのであれば、日本製の軽自動車もすべてが製造物責任に問われる可能性も生じる。もし、小型自動車は大型車と比べて衝撃吸収性が少ないので欠陥だと主張するならば、実際、小型車のリスクが大きいことは認められるし、大型車にするという代替設計も可能と見える。しかし、車のサイズを大きくせず、低価格、低燃費というその車の望ましい特徴を大幅に損なうことのない代替設計が提示できない場合に、「現在の小型車が合理的に安全でない」とまで主張するのは言い過ぎである。[23]

代替設計の合理性の評価に際しては、製品の全体的な安全性を考慮する必要がある。代替設計が、原告の被害を減少もしくは予防したとしても、もしそれが同程度もしくはそれ以上の他の危険性を持ち込むようならば、十分ではない。[24]

さらに言えば、「消費者の期待」は設計の欠陥性を判断するための独立した基準とはならない。消費者の期待は、「リスクをどのように読み取るかに影響し、また被害リスクの予見可能性とその頻度」[25]に関連する。しかし、「消費者の期待は、それ単独では、ある提案された代替設計が合理的な価格で実現できるか否か、ないし代替設計がより大きな全体的な安全性を提供するか否か、まで考慮に入れるものではない。」[26]

製造物に対する無過失責任を求める法律があるとはいえ、「設計」においてはその帰責を免れている。こうして、製造物責任法においても、技術者やメーカーの自律的試みの場所は残されることになる。この点に注目すると、保険という補償システムだけでなく、企業の責任も求める必要があるようにも思える。つまり、メーカーが、自らを社会的に自己決定を行うことで行為する組織であると考え、それに伴う責任を認識することがポイントとなる。

技術者の責任と自由

ものづくりにおいて、誰もがミスを逃れることはできない。ただ、メーカーや技術者に何らかの意味で責任を持つ行為をさせることは必要である。この点をもう一度まとめておこう。

もし、ある人工物が事故を起こしたとする。その時、技術者の設計行為を「意図的行為」、つまり故意による行動であるとし、それ故、犯罪と見る場合、その前提には、技術者が人工物を完全にコントロールできるという認識がある。普通の人が故意に犯罪を行う場合であれば、その人間が自分の意志通りに何かしらのコントロールを行うから、それが可能となる。だが、複雑な人工物をそのようにコントロールすることなど、本来、不可能である。

一方、技術者の行為に対して無過失責任を突きつけるのは、その前提に、メーカーも人工物のコントロールが基本的にはできないという認識があるからだ。つまり、誰もが人工物を完全にはコントロールできない。しかし、誰かが賠償責任をとらないといけないのであれば、その使用者よりは、メーカーという法人の方が、責任をとりやすい。メーカーは、倫理的に悪い行為をしているという理由ではなく、経済力がある故、損害の負担をする上で最適という理由で責任を問われるというのが無過失責任の考え方だ。

つまり、技術者の行為は故意だと断罪もできず、かといって無過失責任を負わせることもできない。これまで見てきたように、技術者にはそれなりの責任があり、しかも司法では判断できない専門性を持つと示したのが、第三次不法行為法リステイトメントの指摘だと理解できる。形式的には専門職の責任に近い過失責任と見なされる。[27] こうして技術者は責任を負うことで、開発する自由を得たわけだ。

これによって、安全な社会は、新しいものを作るというイノベーションを排除することで作り上げるものではないということが示されるようになった。少し古い炊飯器は「シチューを作ってはいけない」という警告表示がついていた。シチューのような粘度の高いものだと、炊飯器内の圧力が高くなるという危険があったからだ。だが、考え方を変えれば、技術者は、ユーザーの要望を受け入れて、シチューも作れる炊飯器を作ることも可能である。単に警告事項を増やす（やってはいけないことのリストを増やす）のではなく、シチューも調理可能な炊飯ジャーという新しいものを作れるという自由を、技術者は今、手にできる状況にある。

3．過失と免責

ミスの心的メカニズム

複雑な人工物は、人間のミスが引き金となって事故を起こす。だが、ミス自体は、どれほど努力しようともゼロにすることはできない統計的事象だと言える。

人間は、なぜミスをするのか——心理学の知見を少し見ていこう。

人間は理性的動物だと言われることがある。つまり、基本的に人間は、理性的に判断する動物だということである。また、経済学では「合理人」というのが経済理論の基礎となる人間モデルとして知られている。そうすると、理性から外れている状態というのは、非常に特殊な場面か、精神が病んでいるような特異的な時であるというイメージを我々は持ってしまう。しかし、実際はそんなことはない。誰でも間違う。若くても間違うし、年を取っても、またよく間違える。

遠くにいる人を、知り合いだと見間違うこともある。また、暗記していたはずの詩を覚え違いしていることもある。心理学では、一九世紀末頃から錯視の研究や記憶のメカニズムの研究が進められるようになってきたが、視覚にしろ記憶にしろ、いわば見たままのものを写真のように頭の中に蓄えているならば、錯覚が起こるということは考えにくい。

このような問題意識と結びついて、心理学は、注意や記憶のモデルを作り上げることを試みてきた。ここで有力になった考え方がスキーマ（図式、枠組み）である。記憶から再生されたものは、記憶の元となった話や絵よりも、秩序立てられていたり、型にはめられているように思える。二〇世紀の半ばまで活躍したイギリスの心理学者バートレットは、スキーマを「過去の反応または過去の経験の能動的な体制化（組織化）であり、うまく適応した有機的反応ならどれにでも常時作動していると考えられるもの[28]」というように定義した。

つまり、スキーマは、過去の経験を再生しているのではなくて、再構成しているというのがポイントだ。しかも、スキーマは心の構造だが、全く意識していなくても機能するものと考えられた。また、注意は「有限だが極めて柔軟な制御資源だ[29]」という見方がとられることによって、この資源の配分を受けたものだけが、つまり注意をすればするほど、深いレベルの処理を行うことができることになる。

玄関のドアを開ける時、その向こうには廊下や部屋が見えるということを予想する。これがスキーマであって、そのために素早く状況を理解できる。そして、非常に特異な場合——例えば、忍者屋敷の隠し扉を開ける場合には、解釈を間違い、誤解することも生じよう。

人間はこのスキーマを物事に当てはめて理解するが、「注意」という制御資源が有限であるために、すべてを詳細に認識することは難しい。また、スキーマは物事を再構成したものであるために、写真のような仕方では貯蔵できない。人間の心の構造がこのようなものなら、世界を「客観的に知る」ことはもともと難しいことになる。

心理学の学説や理論はもちろんさらに精緻であるし、別種の理論もあるが、ここでの説明はこのあたりまでにしておこう。ただ、人間は常に合理的に判断し、その判断通りに行動するとは限らないことは確かだ。

「結果」としてのヒューマンエラー

さて、多くの人間から成る組織が、人工物が複雑に連携しているシステムを管理、運用している場合——例えば、化学プラントや原子力発電所、生産工場、病院、銀行や保険会社などでは、小さなミスが大きな事故に発展する可能性が高い。こういった組織事故（organizational accidents）と呼ばれるものについては、その対策として多重防護システム（二重チェックなど）が備えつけられているが、それでも時としてミスが引き金となって大事故が起きる。ここにおけるエラーマネジメントとして、

『組織事故』[30]で有名な心理学者ジェームズ・リーズンはいくつかの重要な提言をしている。多重防護が備わっている作業現場を想定した上で、リーズンは、「ヒューマンエラーは結果であって、原因ではない」[31]と述べる。私が機械の操作を誤ったために、事故になってしまったという言い方はよくあるが、リーズンは違った解説をする。

エラーは、その上流にある作業現場や組織要因によって形づくられ、そして引き起こされたものである。エラーを特定することは、原因調査の単なる始まりであって、終わりではない。エラーの結果として起きた大事故の原因の説明と同じくらい、エラーがなぜ起きたかを詳細に説明することが必要なのである。なぜエラーが起こったのか、その筋書きを理解することによってのみ、初めてエラーの再発を防止できるのである。[32]

リーズンによれば、その時の状況や人工物に囲まれた環境、多くの人との相互作用などが、私のエラーの原因と見なせるという。リーズンは様々に語っているが、そのうちの三つの論点を紹介しよう。

①人間のエラーは、人間にとっては避けがたい、自分の能力と結びついたものである。
②人間の働く条件を変えることを通じて、不安全な行動を減らすことは可能である。

③コントロールできない無意識の心的メカニズムに関与するより、作業現場の改善をする方が容易である。

いわば状況と人間の本性とが複合的に作用してミスを起こすとリーズンは考えている。つまり、ミスの大きな原因は人間の外にあるとしている。それ故、リーズンは、エラーを起こした人間に対して責任を問うことは誤っていると考える。

「自由意志」は幻想か？

以前挙げた例だが、一〇万回までは普通に機能していたスイッチが、一〇万一回目で故障したとしよう。この時、従来であれば、一〇万一回目を押した人間が、非難を受けるべきだという考え方が支配的であった。これは、人間は自己決定し、自ら行動を起こす自由を有しているのだから、それ以前の物理的因果関係がどのようなものであっても、現に行為した人間だけが責任をとるべきだという、人間の「自由意志」を強調する思想に基づいている。[33] これに従えば、どのような危ない機械があっても、例えば見間違えやすい計器類があっても、問題が起これば、現にそれを操作ミスした人だけが悪いということになってしまう。飛行機や列車の事故が起きた場合、運転士の責任はあっても、運行を管理する人、さらには飛行機や列車を作った人やその組織の責任を問うことはあり得なくなる。だが、複雑な人工物が関わる事故においては、責任を操作者に限定することは現実的ではないはずだ。

そこで、リーズンは、そのような責任の考え方を、「自由意志の幻想[34]」であると述べる。

人間のふるまいは、心理的要因と状況要因の相互作用に影響されるものである。人間がなしうる行為の範囲は、いつもその場その場の環境によって制限されているため、自由な意志というものは幻想である。これは、すべての人間の行為と同様にエラーにも当てはまる。[35]

さらに、リーズンは、ミスを責めるべきではないという理由として、人間の行動は確定的でないために、その行動があったからこそ問題が生じたというような原因帰属の傾向が心理的にあるのだ、という主張もする。人間の「自由意志」を前提にすると、エラーでさえも意図的な行為だと外からは見なされることになってしまう。故意による悪い行為が警告や制裁の対象になるように、エラーによる行為も同じように扱われることになる。ただ、故意は、罰や制裁といったもので減らすことができるかもしれないが、エラーに対しては、罰や制裁は、コントロールの手段として有効ではないと考える。実際、ミスをした人をいくら責めても、その人が今後、ミスを犯すことはなくならないだろう。罰や制裁が一種の見せしめとなって、他の人がミスを犯すことがなくなるだろうか。もちろん、短期的に注意という資源を振り向けることによって改善することはあるだろう。ただ、最終的な問題の解決にはつながらない。

そこでリーズンは、安全な社会を作るためには、罰を通じて人々の行動を変えることよりも、システムを改変した方が良いと提案する。もし、薬剤師が使用すべき薬を間違えたなら、その薬剤師を責めるのではなく、薬をバーコード管理するようにシステムを変えた方が有効だというわけだ。

リーズンは、ミスに対する非難は良くないと言うために、「自由意志」を否定した。だが、「自由意志」を否定してしまうと、ミス、過失だけでなく、故意による犯罪を罰する根拠までも否定することになる。その意味で、リーズンの主張は「産湯とともに赤子を流す」ことにもつながる。この観点からすべてを整合的に説明し直せばいいかもしれないが、その試みはなかなか厳しい。

だが、考え方としては興味深いものがある。ミスやエラーを個人の責任として、罰によって行動を変えることは難しい。人間を変更することは難しいから、システムを変えるべきだというリーズンの論は、ミスに関わる人間行動の新しい管理方法を提案していると言えるだろう。

だが同時に、ミスに対処する方策を人間からシステムに移すことによって、システムそのものが複雑になってしまい、その整合性をチェックすることが困難になる。その点が問題として残ってしまうのは覚悟しなければなるまい。

個人の「自由意志」が表に出ないように構成されている現代の社会では、子供の頃から慣れ親しんだ倫理がうまく通用するとは限らない。「ミスをした人は、罰する」といった単純な考え方では人工物とともに暮らすことはできない。その時、制度やシステムで対処することは有効であるが、システムも完璧ではない。しかし、システムにある程度、頼らなければ社会は機能しないほどにまで複雑になってきたとも言える。

人工物のある社会では、問題設定も、その解決法も、我々の通念とは違ってくることを理解する必要があろう。

事故調査と責任

人工物をめぐる事故において、「ミスは罰しない」ということが論じられる局面は、他にもある。それは、システムもしくは複雑な人工物とともに暮らす社会には必要なもの――つまり、事故調査に関するものである。

もし、何かしらの交通機関で事故が起きた場合、当事者である運転手は、責任が問われるかもしれない。その時、運転手は事故調査で証言を求められても、罰を恐れて、本当のことを話そうとはしないだろう。そうであれば、事故が起きた本当の原因を究明することは難しくなる。しかし、もし、「ミスは罰しない」ということであれば、ある程度、運転手は自由に告白ができる。それによって、システムの複雑な副作用を明らかにすることができよう。

アメリカでは、航空機の事故においてパイロット個人に事故の責任を負わせる非現実性を避けている。そして、事故は航空企業の法人責任として民事的に処理されることが一般的である。航空輸送の有用・有益性のために、ある程度、危険が介在することを容認した上での「危険の適切な配分の法理」は、社会通念として手厚い保護を受けていると言われている。[36]

日本では、二〇〇一年一〇月一日、国土交通省の中に「航空・鉄道事故調査委員会」が設置された。[37]これは、従来、航空事故調査委員会だったものを拡充したものである。その調査の目的は、「公正、中立の立場から、事故やインシデントの原因を科学的に究明することにより事故防止に寄与する」ことだとされている。調査報告書は一般に公開され、また対策を講ずる必要のある事項は、国土交通大臣等に対し建議や勧告を行う権限も有している。[38]

このように日本では、徐々に事故調査の制度や組織、機関が整備されてきている。

さて、交通事故調査に関わる免責システムの必要について、海上技術安全研究所にいた松岡猛は一九九八年の日本学術会議第二八回安全工学シンポジウムで次のように述べている。

不幸にして起きてしまった事故を教訓として再び同様の事故を発生させないために、安全工学的な観点からの調査・分析を徹底的に実施すべきである。その際、事故の責任者を発見し処罰する事を目的とした調査では、事故発生の背後にある原因分析は不可能である。警察の捜査は最後に引き金を引いた人間だけを処罰する事を目的に行われており、事故以前の多くのインシデント（前兆事象）、組織の問題、機器の安全上の欠陥等はほとんど等閑視されている。

事故の当事者が事故の状況を一番よく知っているはずであるが、事故調査の時に自己の不利になることはいわないであろう。安全工学の面からの事故調査と刑事事件解明のための調査との両立をどうするかが問題である。なんらかの免責システムを作る必要があるのではないか。[39]

ここで問題となっているのは、被害者がいる事故の場合、刑事事件となる可能性があるということだ。だから、事故調査と刑事事件解明の調査とが重なってしまう。もちろん、同一の事故では証拠物件はよく似たものになるので、そのあたりさえ融通しあえば問題は片付くはずだが、そうはうまくいかない。実は、責任者の処罰を目的とする犯罪捜査と、事故再発防止の観点からの調査・分析とが、全く違った考えに基づいているために、問題が生じるのである。

例えば、日本では「事故調査報告書」を鑑定書として法廷に持ち込むことを、裁判所が認めてきた経緯がある。もちろん、事故の錯綜した状況の解明や、その判断、対応処置の科学的な分析には、当事者の率直な供述が極めて重要となる。しかし、この供述が場合によっては、当人に対する責任追及のための法廷資料ともなるのだ。そうであれば、当事者の口が重くなるのも当然である。黙秘権は憲法で認められているのだから。

アメリカの連邦航空法では、「事故調査およびその調査の報告書の一部又は全部は、訴訟に、証拠として認められたり、使用されたりしてはならない」と規定されている。さらに、日本学術会議「人間と工学研究連絡委員会安全工学専門委員会」も、二〇〇〇年三月に交通事故調査のあり方についての提言を行っている。その中に、「交通事故調査は犯罪捜査のためのものではないことを明確にする。」「通常運転時の事故発生に関与した当事者の責任を追及しないという立場を確立する。」「国民のコンセンサスを得られれば、刑事免責のシステムを導入する。」といったことが述べられている。[40] 免責のシステムは、事故原因の調査に重要な役割を果たすはずである。

免責とモラルハザード

ヒューマンエラー、ミス、過失といったものは、事故を起こす大きな要因となっている。しかし、だからといって、すべての事故において個人に責任を帰しても、それで事故が減るというわけではない。

実は、事故が起こってしまってから原因究明をするというよりも、より効果的な方法がある。それは、インシデント、つまりは「ヒヤリハット（ヒヤリとしたり、ハッとしたりするミス）」の報告である。一つの大事故の背後には二九の軽傷事故があり、さらに三〇〇の傷害のない事故＝ヒヤリハットが存在しているというハインリッヒの法則が知られている。ハインリッヒは、労災の分析を通じて、小さなミスの報告が重要な意味を持っているということを導き出した。その報告を分析することによって、将来起こるかもしれない大事故を防ぐことにつながるはずだ。

しかし、その場合に重要なのは、小さなミス、ヒヤリハットの報告者が匿名であるとか、小さな事故を起こしたことによって罰を受けないような免責の措置をとる必要があるということだ。アメリカではそのようなシステムが存在する。ヒューマンエラーを強調すると、責任追及と個人の非難に終わってしまうかもしれない。誰しも自分の失敗をわざわざ公表したいとは思わない。しかし、公表しなければ失敗の真の原因は究明されぬままとなる。現在、医療現場では、医療事故を少しでも減らす試みとして、ヒヤリハットを報告しやすくするような取り組みが行われている。

ここにおいて、先述したリーズンの主張が、現実性を帯びてくることになる。

リーズンが述べたように、いわゆるミスと見られるものを分析することによって、そこに含まれている組織的要因を取り出すことが重要である。それにより単純ミスが減ることがあるからだ。例えば、医療現場などでも様々な試みが行われている。点滴のミスには、看護師二人で患者に点滴を行うという規則を作ることによって、血液型のミスには、血液型によって色を変えたバンドを患者の腕にはめることによって対応ができる。また注射器の色を変えることによって、どのような薬液を注射するかをある程度区別しやすくすることもできる。

設計においても、エンジニアが「故意」で悪いことをするといったことが問題になるというよりも、「過失」が倫理的問題の中心になる。従って、この過失を少なくするような、方法、システム、制度などが整備されることによって、大きな問題が少なくなることが期待できるのである。組織設計、体系的な機器設計、制度設計などによって、ミスを減らす試みである。

こう考えると、原因究明においては、証言の免責をすることが、錯綜した問題点の発見にとっては重要となる。自分に刑事罰が及ぶとなれば、誰もが都合の悪い事実を述べようとはしないだろう。そうなると、実際に何が起こったかはますます見えにくくなるのは当然のことである。

しかし、証言免責には大きな問題が含まれている。どのような間違いをしても刑事罰を受けないとすると、モラルハザードが生じる可能性が出てこよう。

また、事故が起こった時、その責任者の一人と見なされるエンジニアが、何の刑罰も受けないとすると、責任の所在を追及しがちな日本の風土の中では風当たりがきつくなるという問題もある。アメリカにある証言免責の制度が日本に存在しない理由の一端は、こんな文化的背景にもあるのかもしれない。ただ、古来からの倫理に即して考えても、自分の行為の責任を引き受けないというのは、奇妙な考え方である。それでも人工物システムの維持がポイントとなる時代では、免責に対する理解を、世間に広める必要があるだろう。

インシデント（ヒヤリハット）、不具合情報を「お客様コールセンター」で収集して、それをこれからの研究開発に結びつけることも可能である。これが、生き残りを目指す企業の戦略にもなろう。消費生活センターなどの原因究明は、一般的な安全確保のためであり、紛争解決のための依頼に応ずるものになっていないとも言われている。[41] しかし、免責のシステムと結びついた事故情報の収集も、原因究明には必要である。裁判の証拠とすべきでない事故原因の証言やデータが、一般的に人工物の安全の推進に必要とされるからである。

安全性の追求とは、現在生きている人に対する「人に迷惑をかけない」試みである。事故調査は、将来の人に対し「人に迷惑をかけない」技術を提案するものである。人工物の複雑性がポイントになる社会に我々は生きているからこそ、倫理観の変更を意識しなければならない。[42]

実は事故というよりも、製造工場で「見える化」が求められているのも、同じような論点を含む。製造工程の問題点を見つけ、製造時のミスや欠陥製品を見つけることが重要であって、「誰が」ミスをしたかは特に問題ではない。うまく組付けができない場合は、すぐに熟練した人が駆けつけて手伝ってくれる。その間にラインは止まることになる。しかし、問題点を隠して最終製品ができたり、最終検査でミスが見つかったりする方が手戻りも多く、コストもかかるのである。

4．法における人間観の変遷

いかにして被害者を救済するか——法解釈の変更の始まり

ミスをめぐって様々な論点を見てきたが、最後にミス——法律用語でいう「過失」に関する法学の見方を概観しておこう。

一般的に近代的民事責任体系（図4）は、「契約責任」と「不法行為責任」との二類型から成り、人間の行為を法的に拘束することを、法的用語では「債権関係」と呼ぶ。例えば、契約責任においては、自発的にした約束は守らねばならないというのが典型的な法的拘束であり、それは債権関係と言われている。

また、そこには、約束——法的な用語で言えば契約は、人の自由意志によってのみ成立するという考え方が前提にある。これを「契約自由の原則」と呼ぶが、不法行為は、契約がなくても生じる。自動車によって轢かれるということは、私が頼んで起きたことではない。しかし、その場合、賠償責任という債権関係が契約によらないで成立する。この場合でも、相手に過失があったことがその帰責理由となる。そこでは、過失があったからこそ責任を問われるという意味で、人の「自由意志」——自己決定し、自ら行動するという人間像が、多かれ少なかれ、規定的役割を果たすものとされている。これは、不法行為における過失主義といわれる。[43] つまり、自己の意思とは無関係に、債権関係が生ずる（賠償金を支払う）はずはないのである。

事故は偶然という側面を多分に含むが、その中でも故意に近い部分を法律は規制しようとする。その意味で、我々は人間の自由意志を尊ぶ社会的ルールの中で生きている。いわば人間しかいない社会――より正確に言えば、法的に自然人だけを考慮するだけで十分な社会では、人間の自由を基にした市民社会が営まれることになる。[44]

近代的な法は、（合理的な経済人という）自律的な人間像を基に作られている。そのため、故意、過失がなければ、その人の行動は咎められないのが原則だった。これが自己責任の原則である。そして、トラブルを予見できたかどうか、結果を回避できる可能性があったかどうかによって、過失があったか否かが判定されてきた。

このような状況が実質的に変わったのは、自動車事故が増え、公害や薬害が起こった時代である。また、不法行為法が、民法学の中心的な分野の一つとなったのは昭和三〇年代、四〇年代に入ってからだと言われる。[45] それ以前にも事故は起こっていたが、この時代に入ってから、その理論的究明が必要なほどに訴訟が増えてきた。[46] そして、過失や権利侵害の内容の解釈を深め、変更することなしには、そこで起こっている被害の救済ができなくなっていった。

この時、法律の制定ではなく、法律の条文の解釈の変更によって、この社会問題に対処しようとし

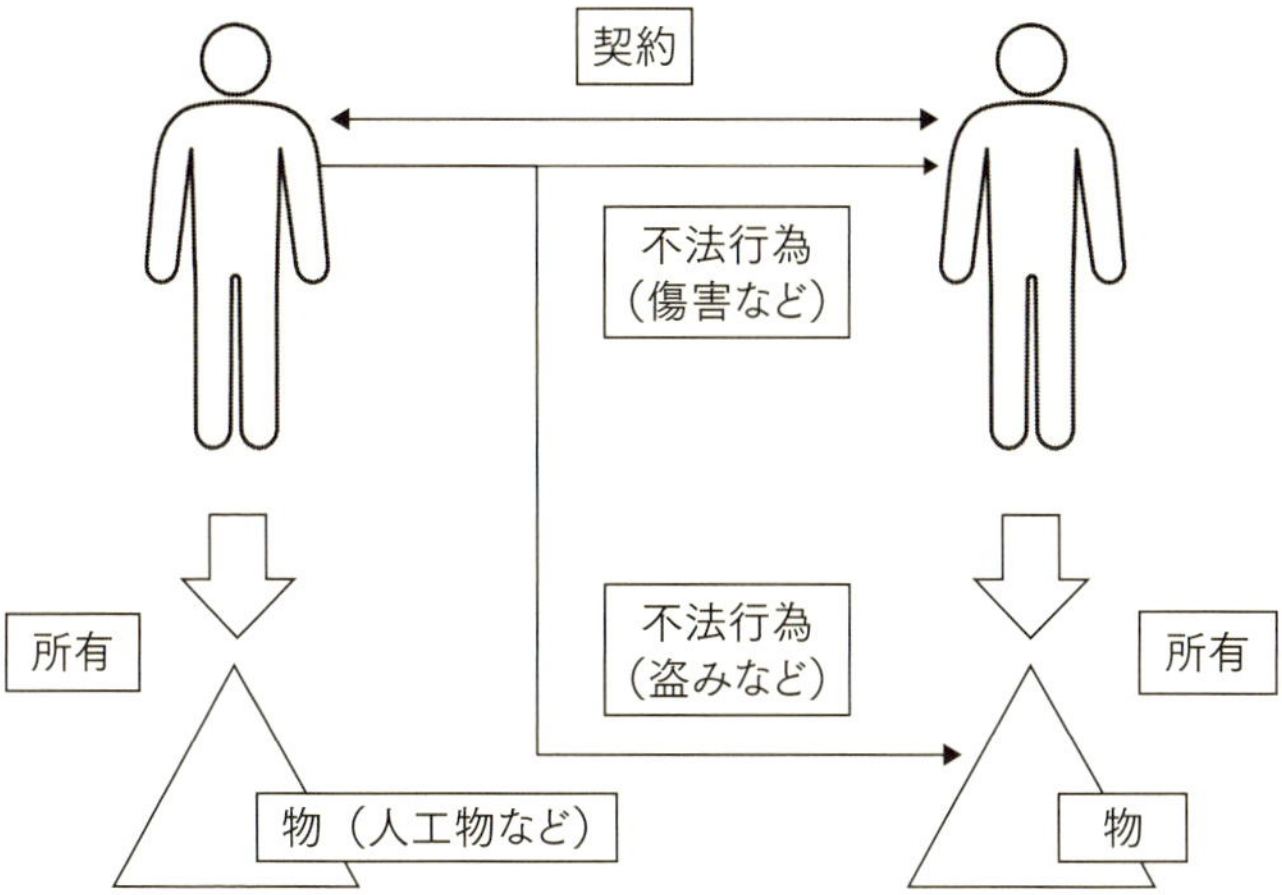

図4　民法の大枠
内田貴による図を基にして少しデフォルメした。

法的関係の基本は「契約」「不法行為」「所有」の3つである。

矢印は、法的行為(意志)の方向を示す。

物、人工物からは矢印は出ていない。つまり、これが行為者が人間しかいない世界である。

だが、第五章で説明するとおり、現代では、人工物を行為者と見なすようになってきている。

たのが、法学関係者だった。

故意によって被害を及ぼした人は、当然、被害者に損害賠償をするべきである。ただ、人工物の事故において、過失やミスで起きる被害はけっして小さいものではない。加害者が賠償金を払えないと、被害者は泣き寝入りするしかない。

そこで、法学関係者たちは、加害者の非難性に基づく損害への「賠償」と、被害者の受けた損害の公平な補塡としての「補償」という概念の対比を行うことで、考察を進めた。[47]

可哀想な被害者に焦点を合わせると、加害者が受ける非難の内実を問わず、補償することが大きなポイントになる。そして、時には、不法行為法という法ではなく、総合救済システムによって損害の公平な分配を行おうという提案が出てくることもある。[48] これは過失による被害は、保険や社会保障によって補塡して終わりにしようという、ある種、極端な考えである。

「補償」を重視するという考え方は、別の言い方をすれば、刑罰を倫理的な非難可能性から考えるのではなく、社会的統制手段の一つと考えることである。[49] この視点は重要だとしても、そこに強調点を置き過ぎると、加害者は、経済力があろうとなかろうと、被害者の損害の補償をしなければならなくなる。そこで、企業、メーカーが「加害者」であれば、個人よりも経済力があるということで、その者に帰責できるように、(過失の客観化などを通じて) 法の解釈を変更することになる。

こういう仕方で、過失という法的な概念の解釈が、変化を被ることになった。以下、この論点を見ていこう。

不法行為法と過失の概念の変容

不法行為の成立する条件は四つある。

1. 被告が原告に対して注意義務を負っているということ。
2. 被告が注意義務違反を起こした。
3. 被告の注意義務違反が、原告に生じた損害と因果関係でつながっている。
4. 原告に損害がある。

交通事故でも公害でも損害は生じている。これは明らかだが、因果関係の解明は難しい。公害は、その最初の段階では帰結のすべてを予測できてはいない。[50] 交通事故では他車との正面衝突の場合では、どちらがどの程度、注意義務を怠っていたか実際上、不明な場合も多い。

人間関係しかない社会、つまり人工物が介在しない社会では、不法行為といっても、上の四つの条件はまだ捉えやすい。しかし、科学技術の発展とともに、事故を社会的に位置づけ、損害賠償をすることも簡単ではなくなった。まず、被害者は現に存在する。しかし、損害賠償を帰すべき「人」が見つからない。さらに、法的に「誰に」帰せばいいか判断するのも難しい。

このような観点から、法学者の森島昭夫は、不法行為法の解釈の変化について、ディレンマと言える状況を明示している。

一般に、法の解釈は、ある紛争類型の解決に関する一定の価値判断が既存の法律の規定から導き出されるものだと説明するための論理的な操作であるといえようが、今日の不法行為法においては、法律の予定する価値判断（過失責任主義）とはまったく異なる価値判断（加害者の責任の強化）に到達するように論理を操作しなければならないというディレンマに直面しているのである。[51]

つまり、加害者（加害企業）から、被害者が損害賠償を受け取るということを目指して、古くからの法的概念が操作されることになる。これは裁判所などを通じての法的解釈によって行われる。

義務違反と抽象的過失

この変化に関する森島の論点のうち、三つを見てみよう。

まず第一に、例えば、公害訴訟を通じて、故意責任が個人の「意思」から切り離されて主張されるようになった。つまり、故意責任を、意思という個人の心理状態を帰責事由とするのでなく、義務違反責任とする捉え方が、法律の実務家によって理論的に展開された。

（公害では）被害者は、公害企業が住民に対して被害を与えていることを知りつつ操業を継続したとして、法人の故意責任を主張した。しかし、水俣病判決や四日市判決では、裁判所はさまざまな理由づけによって企業の故意責任を否定した。故意を個人の心理状態ととらえる限り、法人にはそもそも故意は成立しえない。その点で、法人に故意責任を認めるとすれば、故意責任を意思責任ととらえずに、損害回避義務違反に対する非難性に帰責の根拠を求めることが理論上必要となっていたのである。[52]

意思を帰責事由から省くと、結果責任に近くなる（殺人と事故死を区別できなくなる）。そして、可哀想な被害者を守るために無過失責任に向かう解釈も行われるようになった。

第二に、過失に関しても新たな解釈が行われてきた。

ある事故が起きた場合、加害者が、行為時に精神的・心理的緊張を欠いたことで起きた過失を「具体的過失」と呼び、通常、払うべきだと考えられている注意、つまりその人の心中ではなく外部にある基準を守らなかったことで起きる過失を「抽象的過失」という。そそっかしい人が待ち合わせ場所を間違えても、「いつものことか」と思うだけかもしれない。これは具体的過失であり、通常の人間関係では許される。それに対して、そそっかしい医師であっても、医師である限り、やはりきちんと診断すべきだと思うだろう。これは抽象的過失である。問題は、その事故における過失を、どちらの基準で「過失だ」と判断するのかということにある。

（このように）過失を内部的・心理的な容態としてとらえるか、あるいは外部的な行為として理解するか、という違いは、実は過失責任の帰責の根拠づけという理論上の問題に深くかかわっているのである。過失を心理的なものとする考え方はもともと過失の帰責根拠を加害者の意思に対する倫理的な非難ととらえる理論に結びついていたものである。ところが、一方で心理状態としながら、他方で抽象的過失を基準とするときには、帰責根拠を加害者の個人的意思に求めることが論理的に矛盾してくることになる。また、心理状態というのは、事実の側面の問題である（故意の場合にはある結果を認識していたという事実、過失の場合には注意力が散漫であって結果を認識していなかったという事実が問題になっている）のに対して、抽象的過失は、通常人が為すべき注意を措定して現実の加害者の行為がそれにあてはまっているかどうかという規範的な判断である。[53]

そして、森島は、裁判の実務では意思的側面を残しているように見せつつ、実は客観的な判断基準を使っていたとし、次のように述べている。

最近では、実際には客観的な注意義務違反の有無によって過失を判断しながら、概念上は心理状態として過失を定義する通説に対して批判が加えられている。具体的には、一方では過失が客観的な注意義務違反として判断され、他方では加害者の行為態様が違法性の判断要素とされるにいたって、過失概念と違法性概念とをどのように区別するかという理論的な問題意識と、過失概念を客観化し高度化することによって、民法七〇九条のもとでできるだけ広く加害者の損害賠償責任を認めていこうとする実践的要求とが交錯して、過失を心理的に定義する通説の見直しが行われているのである。[54]

このような経緯を踏まえた上で、過失が主観的な心理状態ではなく、結果回避の行為義務を尽くさなかったことだという解釈が優勢になってきた。

「知識」の問題となる過失

さらに過失の定義的要素にまで立ち入ってみよう。

第三に、森島昭夫は予見可能性を次のように解釈している。

通説においては、結果発生に対する予見可能性が、定義上過失概念の中心的な要素となっている。論理的には予見可能な結果に対して結果発生防止の注意義務がある（ある結果について予見可能だからこそ、その結果の発生を防止しないことに対して非難性がある）とされているので、予見可能性の存在は注意義務の当然の前提となっている。いいかえれば、通説においては、結果に対する予見可能性は過失の要件となっており、加害行為時に、結果に対する予見可能性がなければ過失責任は発生しない。[55]

そして、森島昭夫は、科学の発達した時代における過失を次のように説明している。

予見可能性がある場合には直ちに過失があると考えると、現代社会のほとんどすべての活動について危険が予見されるから、たいていの場合に結果が発生さえすれば過失が認められることになってしまう。例えば、自動車の運転については、運転によって人身損害が生じうることが予見可能であるから、事故が発生すれば常に過失ありということになろう。また、医療行為についても、ある手術から何パーセントかの死亡事例があることが判明しているというような場合には、手術が成功しなければ常に過失があることになる。危険が予見される行為については、常にそれをしないことによって危険を回避できるはずでありかつ回避すべき義務がある、とするのは非常識である。予見される危険に対して、通常人としてなすべき回避措置をしない場合（例えば、先の例で、前方注視をしてスピード・ダウンするとか、手術前に適切な検査をおこなう、などの注意をしない場合）にはじめて行為者の責任が問われるべきである。[56]

ここにおいて「過失」は、予見可能性を基にして、実際に回避ができたか、できなかったかを基準として判断されるものとなっている。だが、留意すべきなのは、ここでいう「予見可能性」とは、ある種の知識であることだ。それは、私が現に持っている個人的な知識とは違う。図書館に集積されている情報の総体のようなもの――つまり、世界中の知識とも呼べるものだ。そして、そのような広大な知識を持つ存在だと見なされやすいのが、企業やメーカーである。

もともと、人工物は、設計されているために、当然、事故を予見された上で作られていると見なされやすい。こうして、専門家や専門的知識を有するメーカーに帰責することが容易となる。[57] 企業の責任を大きく追及できるようになってきたわけだ。

ここにおいて、過失は心理的な問題ではなく、知識の問題となった。「知識がある」とされる者が、責任を負うことになった。しかも、メーカーは損害賠償を支払うだけの資金を持っている。

ここから、無過失責任までは、目と鼻の先である。

「強く、賢い人間」から「弱い、愚かな人間」へ

ここまで不法行為法、そして過失の概念の変容を見てきたが、北川善太郎[58]は、民法の近代モデルから現代モデルへの移行という、全般的な傾向[59]が認められると語っている。[60]
近代モデルの中心となる民法の基本原則は、個人人格の平等、私的所有、私的自治と自己責任だった。このモデルにおいては、個人は、自由に他者と契約ができる——つまり、民法や商法といった私法上の法律関係を自由な創意に基づいて形成し得る。また、行動の自由が他人に不利益をもたらした場合、故意、過失という有責性を要件として、民事責任——いわゆる自己責任が発生することになる。
それが、民法の現代モデルへと（全面的とは言えないにしても）変化した。

そこでクローズアップされるのは、具体的人格、私的所有の社会的制約、規制された競争、社会責任である。労働法は労働者という具体的人格を扱い、独占禁止法は、企業の規模、業種に注目する。いわば、単なる一個人ではなく、社会の中の行為者として法的に規制するわけだ。また、契約に関しては公法的に規制され、その上で競争が行われる。さらに社会的責任が問題にされる。公害、交通事故、欠陥製品などの大量被害があった場合には、個人の自己責任での対応は無理だろう。そのためもあって、加重された過失責任、危険責任、無過失責任、さらには被害補償制度が作られるようになる。

近代民法においては、完全で平等な法的人格を有する人間像が想定されていた。そこにおいて、人間は、財産に関する権利や契約によって法律関係を作る権利を持っているとされる。そして、この法的人格を動かすのは人間の意思であると考えられていた。つまり、「強く、賢い人間」が前提となっている。

それに対して、現代民法における人間像は、法律によって保護されるべき対象である。そこにおいて、人間は不平等で具体的な存在である。雇用契約では「労使」という契約当事者の平等は達成できないから労働法が作られた。また、大量生産物が登場し、消費活動の活発化が生じたため、「消費者」という特定の社会範疇の人を保護する消費者法が作られた。ここでは、「弱い、愚かな人間」が前提となっている。

つまり、コントロールが困難な複雑な人工物と、それが引き起こす事故の出現により、普通の人間は、自己責任で行動できる自由な人間とは見なされなくなったのだ。違う見方をすれば、メーカーという賠償能力のある者に責任を負わせる方向へ制度が動いてきたということでもある。

今や、合理的な人間、自己決定できる人間は、製品を作る法人だけかもしれない。賠償責任を引き受けることを通じて、法人は、人工物に関して責任をもった「大人」として活動できる。一方、社会的責任を負わなくなった普通の人間は、子供が大人に庇護されるのと同様の仕方で、法人たるメーカーに保護されることになろう。

ハイテクや大量生産と結びつく科学技術は、多くの人間をある意味で「子供」と見なす制度を作り上げてきた。こう見ていくと、遠くない将来「弱くはない人間」という社会的行為者として残るのは、企業という法人、政府、さらにはAIを備えたロボットだけかもしれない。[61]

人倫の世界からリスクマネジメントの世界へ

実は、ハーバード・ビジネス・スクールの教授であるデービッド・A・モスは、アメリカ政府が、福祉的政策ではなくて、リスクマネジメント的政策をとってきたことを指摘している。[62] それは、いわば自由な人間を、保護すべき人間として扱ってきた歴史でもある。それは、三期に分かれる。

第一期は、一九〇〇年以前で、ビジネスに対する保障を目指していた。第二期は、一九〇〇年から一九六〇年で、労働者に対する保障を目指していた。第三期は、一九六〇年以降で、すべての人に対する保障を目指していた。第一期は、有限責任制度によって、企業の倒産時にその企業の所有者である株主の責任を限定した。個人株主を保護して、投資を呼ぼうとした。第二期は、労働者に対する保険の支払を、労働者から雇用者に転嫁した。働いている労働者がミスをして怪我をしても、その責任を使用者、経営者に負わせる仕組みである。第三期が、製造物責任で、事故リスクを一般市民、消費者から製造者に転嫁した。どれも弱いものを助けるという観点からはそれなりに合理的ではあるが、古くからの責任の理解とは乖離してきている。

しかも、第一期と第二期においては、弱い者が特定の人であり、その人を助ける者も何らかの利益を得るという意味でまだ納得がいくが、第三期では、すべての人のリスクを、つまり複雑な人工物の事故の責任を製造者、メーカーに負わせることになった。つまり、基本的な自己責任を解消する方向性を持っていて、しかも、メーカーが負うには実際上、過大過ぎる責任となっている。

人工物の事故は複雑で、原因を厳密には特定できない。だとすれば、単純に誰かを非難することはできない。しかし一方で、損害を受けた被害者が泣き寝入りをせよと言うのも、何かおかしい。問題は誰に責任を帰すかということだ。原因となった当事者が分からず、帰責できないのであれば、賠償できるだけのお金を持っているとか、帰責しても非難を浴びにくいといった要素が考慮されることになる。その対象として浮かび上がったのがメーカー、企業、法人である。[63] そして、実際、そういう仕方で対処されるようになった。

大きな枠組みでは、ミスをした人間を救い、そのミスで被害を被った人を何とか助けようというリスクマネジメントの考え方になっている。

さらに、法において、過失＝ミスは、心理的に注意を怠るということではなく、「普通の人」の行為規準を満たすかどうかという客観的なものとされることによって、知識の問題となった。しかもこの知識は、個人の頭の中にあるものではなく、社会的なものと見なされている。こうして責任の厳格化が起こり、企業、メーカーという法人がその責任を負うことが定められた。

また、因果関係が複雑な事故の場合、そこに企業や自治体などが関わっているケースも当然ありうる。人災だとして、そういった団体の責任を強調して、被害者救済を行おうということも行われてきた。被害者という弱者を救済するやり方としては理解できるが、結局、強く自律した人間観との乖離が、静かに進むことになった。

このようにして法律の解釈の変更により因果関係を緩くし、被害者の救済を進めるのは、ある意味、社会的な対応として理解できよう。しかし、問題はこの考え方が進む先である。

一つは、個人でものづくりができる時代になったという『メイカーズ』[64]の論点である。3Dプリンタなどを使って製造まで個人でできるようになったわけだが、この時、資金力のないメーカーに対する責任は可能になるのか。

もう一つの興味深い事例が、事故を起こした認知症患者の責任の問題である。[65]

被害者を守るために行った、被害者は保護すべき人間だという設定は、加害者が認知症の老人になった場合に、コンフリクト（葛藤）を引き起こすことになる。この場合、加害者に帰責することが、世間の常識とは合わなくなってきているのである。

我々が生きている社会は、人間関係を基本とする人倫の社会から、リスクマネジメントの視点の下、「弱い」人間の行為には責任を求めない社会へと変容している。しかも、「被害者」は救わざるを得ない。だから「責任者」を探そうとする。だが、複雑な人工物に囲まれた社会において、「責任者」と呼べるようなものは存在するのだろうか。

作った人の責任を問うよりも、社会の大きなシステムを改良していくことが重要になってきた。これまで、自然物と人工物の違いの一つは、それによって事故が起こった時に、責任を取る者がいるか、いないかということだと考えられてきた。だが、この考え方は、もはや通用しなくなっている。風水害は、責任を帰す者がいなくても、被害に対応しなければならない。今や我々は、人工物も、自然と同様、所与のものだと考え、それに立ち向かうように行動するしかなくなるだろう。

第五章

人工物の存在論

1. 科学理論から人工物へ

リアルなのは、科学理論ではなく、人工物だ

ここまで、人工物に囲まれた世界を律するはずの社会システムが、これまで人が当然だと考えていた「人間を尊ぶ」という社会のイメージから、かなりかけ離れたものになってきているということを見てきた。我々の住んでいる社会は、複雑な人工物を社会の中に取り入れることを通じて、知らず知らずのうちに変容してきたのだ。

テクノロジーや科学が人間生活に「合理化」に伴う人間疎外といった影響を与えてきたという理解よりもむしろ、人工物を社会的に受容するにあたっての社会制度が、近代的人間というモデルと齟齬をきたしてきたことによる問題が大きいと主張してきた。

いわば、人工物を作ることを通じて起きた問題というのが、古くからの倫理的枠組みでは捉えきれなくなる社会問題だということを見てきた。しかもそれは、機械的な冷たい社会になるとか、監視社会になってきた、というのとは全く違った景色である。これが私の理解する、同時代の社会の描写である。

さらに、犯罪という意図的行為に対する社会的対応では済まない、過失に対する対応の姿を描写してきた。対人関係の倫理は、古くからの倫理の基本だったが、複雑な人工物とともに暮らさなければならなくなった時、小手先の仕方では調整できないような問題が出てきているのである。

本章では、科学技術の成果としての人工物、さらにはそれを作ることに携わっている技術者に焦点を当てて、これまでの議論を振り返りつつ、少し違った側面から論点をまとめ直してみたい。

まずは科学論と技術論をめぐる問題について見てみよう。

科学的実在論という主張がある。我々の世界は、科学的探究によって解明された知識が提示するものとなっている、というものである。つまり、見たり触れたりする世界はある意味VR（ヴァーチャル・リアリティ）であり、本当は、原子とその運動法則から成り立っているといった考え方である。

さて、本書では、科学技術によって作られた人工物とともに我々が生きていくための条件を探ってきた。事故も起こり、環境問題なども起こってきた。これを踏まえて、社会的な反応として、人工物であふれた世界に住むためには、人工物を作るための規制が行われ、さらにそれでも事故が起こる場合には、どのような社会制度を作るべきかが考えられてきた。自動車では、交通信号などの道路交通法に関わる規制が一つの事例となる。また、自賠責保険の制度なども作られるようになった。そして、このような社会的対処が、どこかの段階で、理想とされた人間像、世界像から少し逸脱した人間観、世界像を想定するものとならざるを得ない、ということを描写してきた。

世界が科学的知識によってうまく描写されるかどうかの議論にはコミットしないが、ある程度、科学的理解を踏まえた上で、人工物であふれた社会に介入することがどういう意味を持つかを解明しようとした。そして、この議論の基本的ポイントは、世界に介入するためには、様々な現実的制約を受け入れねばならないということであった。数学的理想的世界が実在だと見なすのではなく、そのような知識の正しさをある程度認めた上でも、時間の制約、資金の制約、人間の限定合理性などの現実的条件を受け入れた上でできあがっている人工物こそが、実在だと技術者は見なしている。このような条件は、人間がものを作り上げるための制約条件である。つまり、世界の姿を探る科学論というのではなく、世界に介入する工学に関わる技術論としては、人工物こそが実在だと考えているのである。[1]

法則ということに関して、工学の観点での「リアル」ということを提示してみる。

　この理解の仕方は、関西大学教授、小澤守に由来する（図5）。

　図5には、ある金属の針金において、変形の度合いがx軸で、加えた力がy軸で表されているとしよう。そして、各々の多くの実験結果を点で表すと、真ん中に引くことのできる直線は、フックの法則を示すことになる。

　この時、この直線より上にある実験結果も見つかる。その点は、（同質だとされるある金属の針金を材料に使っているのに）ある長さを延ばすのにフックの法則が予想した以上の力がかかったことを意味する。これは、材料の何らかの性質のために、いわば強靱な針金が作れるということを示唆している。このチャンピオンデータは、もしかすると、何らかの新たな特性を持った材料の発見や発明へとつながるかもしれない。

　また、フックの法則を示す直線より下にも、実験結果の点が打たれることもある。

　これは、同じ材質の針金を使っていても、場合によっては弱い力で延びてしまう材料があることを示唆する。（同質のはずであっても）このような弱い材料を考えに入れることによって、線材を使う場

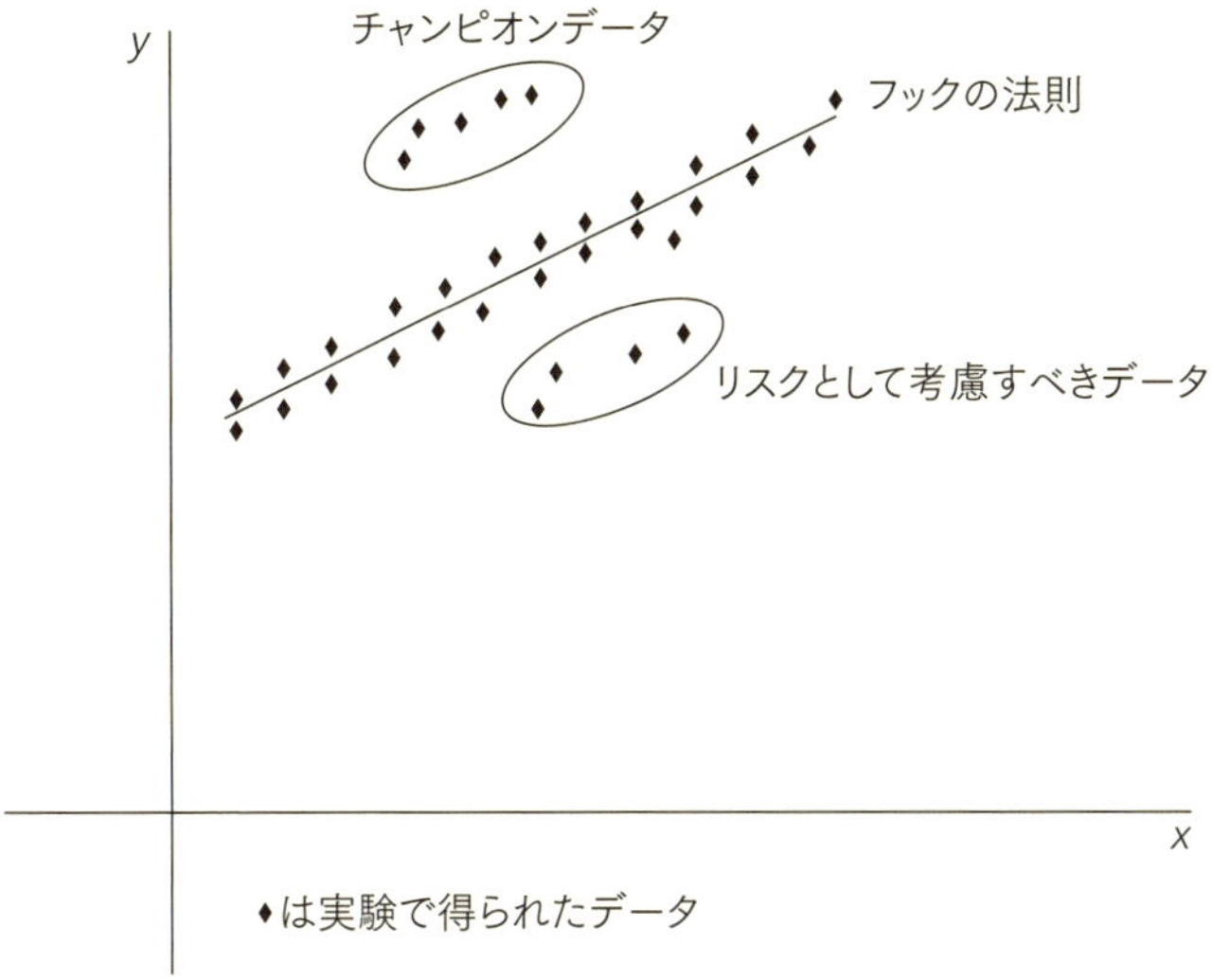

図5

合のリスクを考慮することもできるようになる。

何が実在するか、ということに話を戻そう。ものづくりをする技術者は、フックの法則が実在すると考えるのではなく、同質の線材（これは、材料メーカーが自信をもって作ったものであるにしても）の間のゆらぎこそが実在だと考えているのだと思える。この実在感に基づいて、所与の線材などを組み合わせて、様々な機械、人工物を作っていくのである。現実の制約に対応することが、リアルであることを意味する。

もう一つ、事例を挙げよう。

大雨によって堤防が決壊することがある。堤防は人工物であるが、それをどのような高さと強さで作るかということは、土木工学などで研究が進められている。ただ、どのような雨がどこに降るかも完全に予測することは無理であり、「割り切り」も必要となる。この状況で、予測の精度を上げ、堤防の強度を高める研究をすることは有用だろう。しかし、堤防のあたりに住む人にとっての喫緊の問題は、実は科学的知識の精密化というよりも、少しでも早く現状を改善することである。つまり、何ヵ月以内に河川の改修が済むのかということが問題となる。

ここでのポイントは、時間の制約であり、資金の制約などである。何百年もかけて地球の気候変動を精査するよりも、ある程度の時間と金と、現状の知識で、地域の安全を少しでも増すことである。この観点からすれば、リアルなのは、（遠い将来に見つかるかもしれない）科学的真理ではなく、現状の様々な制約を考慮したうえ、今、ここで介入することなのである。台風の進路を示す予報円が大きくても、それを使いつつ何とか生きていくことが重要なのだ。
「リアル」ということをこの観点から見ることができるのが、工学、ものづくりの興味深い特徴である。[2]
トヨタの生産方式でよく言われる、現場、現物、現実の三現主義も、以上の事例で示唆している「リアル」と同様のポイントを含んでいるものと思われる。

人工物の世界（混在）

先日、女人高野《にょにんこうや》として有名な室生《むろう》寺に行った。平日で紅葉の頃でもないので、人もあまりいなかった。

ここの石段を見て気づいたことがある。さすがに名刹だけあって、きれいに手入れされている。ただ、多くの人が訪れる五重塔のあたりと、その奥にある奥の院に続くところでは石段の状態に違いがある。奥の院への石段は、いくつか崩れており、そのまま放置されている。一般に、石段というものは、造った時点では足をひねるような歪みはないものだ。それが何十年も、何百年も経つうちにいろいろなところが摩耗したり、崩れたりして、歩きにくい状態になってしまう。だが修理すべき箇所であっても、差し当たりそのままにしておくこともある。

人工物は、時間の経過とともに劣化する。世界が科学的に、かつ合理的に説明できると仮定してみよう。だとすれば、この世にあるすべての人工物が、経年劣化を受けていない新品であれば、合理的な世界が作られていると言えるかもしれない。ただ、当然のことだが、時間をかけて使う場合には、劣化した部分も生じ、それを新しい技術で修理すると、そこだけが新しい技術に応じたものとなる。[3] そうなれば、新しい技術と古い技術が齟齬をきたすことなく、意図する通りの機能を果たす保証はないことになる。また、また新技術と古い技術が、一種の複雑系を形成してしまい、予期せぬ事故や不具合を起こす可能性も出てくる。

こう見てくると、我々の住む人工物の世界は、常に、どんな場合も、様々な段階での新たな技術による設計物と古くからの技術による設計物が混在することになる。その上で人工物には設計者の意図が含まれているとすると、人工物とともに暮らすということは、様々な意図に囲まれた世界に住むということになる。[4] 中には矛盾し合う意図もあろう。それで問題が生じることもある。

さらに劣化や環境の変化を考えると、自然の力に対抗して作った人工物であっても、自然のように生成消滅する。また、環境の変化は、新たな人工物が出てくる（スマホを多くの人が持つ）ことによっても生じるので、複雑で完全には予想のできない世界がどうしても生じることになる。

人工物の世界（設計意図）

ビルや橋も人工物である。このような建築物にも設計意図はある。だが、人工物に制御機構が加わっている場合には、問題が先鋭化する。設計の段階で意図が組み込まれている存在だということに加えて、機械の動かし方、制御に由来した構造などに、機械そのものの「意図」だと見なせるものが認められる。こうして制御に焦点を当てると、さらに複雑な意図を含んだ人工物が多量に見えてくる。こうなると人工物の世界は、ある意味、自然界と同じである。微生物、野生の動物、植物は、それぞれ自律的なメカニズムを持ち、それなりの合理性の下に活動している。人工物も設計意図の下、複雑な制御の下で、単体としては合理的に動いている。そして、その制御の詳細を普通のユーザーは知らない。こうなると、人工物の世界は言葉本来の意味で、アニミズムの世界になっているかのようだ。

　見方を変えてみよう。人間は遺伝子の発現形態、遺伝子の乗りものだという見方がある。その考え方と対比すると、人工物は発注者の意図の実現形態とも言えるし、設計者の設計意図の実現形態だとも言える。そして、人間の意図が含まれることによって、設計に由来する「遺言」を受け継ぐことを通じて、人工物自体がある種の行為者と見なされ、人間と同一視まではされなくても、倫理問題に直面することになる（一六七頁、図４参照）。

　つまり、科学技術の発達した社会は、ＡＩのような科学的判断の権化が世界全体を合理的にコントロールする社会になるとは到底思えず、多くの人がそれぞれの意図を持って作り上げた、多様な（家、テレビ、化合物その他）人工物が集積した世界となる。これらの人工物は作られた時代も、作った人も当然異なり、さらにその設計意図なども異なるのは当然である。

　できる限り、合理的で、整合的な人工物の社会にしようと思うかもしれない（その方が扱いやすいはずである）が、時間の制約、専門家の知識の制約があって、すべてに関して統一のとれた人工物のシステムは作り上げられないのである。[5]

物理学の統一理論ができれば、すべては素粒子の段階から説明できるかもしれない。すると、「神」も「こころ」も「いのち」も必要なく、世界が理解できるかもしれない。しかし、科学的説明が正しくても、テクノロジーに関して、また人工物に関して合理主義の権化という言い方をするのは、理学的イリュージョンである。つまり、極端な外挿に基づくフェイクニュースだと言ってもよい。

つまり問題は、世界を一元的に「理解」できても、多種類の自動車が走っているということにある。数学的最適化だけではものづくりができないのである。人工物は科学理論の具体化という規定はできるが、さらに発注者の要望の具体化でもあるからである。そして、科学のどの発達段階でも、それなりの人工物が作られ、それらは劣化しつつも、ある時間は存続し続けるのである。そういう、人工物に囲まれた社会に我々は生きている。

現実的制約

ここまでの分析を二つの視点でまとめてみる。第一は哲学者デカルトの構想と対比できる。デカルトは、『方法序説』第二部で、建物とか都市計画の例を挙げて、ただ一人の建築家が設計し完成した建物は、古い城壁などを利用して多くの人の手によって取り繕われてできあがった建物よりも美しく秩序立っている、と述べている。デカルトは、これになぞらえて「我思う、故に我あり」という絶対の真理を基にして新たな哲学、学問を作り上げようとした。近代的な哲学の始まりだとされる。ただ、この建築の例はそれなりに納得できるが、実は人工物を作るということは、それなりに現実的制約を考慮すべき部分があるということをこれまで論じてきた。つまり、世界のすべてが科学的に合理的に理解できるとしても、それに基づく人工物の世界は、時間などの制約条件を考慮する必要があり、常に様々の時代や段階の科学技術に依存する複雑な世界になるしかないのである。

過去のある時点で、ある人々によって（時には民主的に決定されて）要求が提示され、作り上げられた人工物とともに、今現在生きている我々が生活している。人工物の改変にはコストも時間もかかるために、我々は過去の人々の要求に基づいて作られた人工物とともに生活することになる。このタイムラグに基づく、他人の意思の押しつけは避けられないことである。石炭を掘った穴も、井戸を掘った穴も残っている。人工物には設計意図という、いわゆる遺言のようなものが込められているために[6]、その意図に反して、都市計画をしようとすると、かなり広大な問題解決が必要になってくる。この時には、いわば、人工物という既存の反対勢力は現実のものとして存在する。説得する必要はなくても、対処しないといけない（集中豪雨などで、ため池の貯水量が限界水位を超えて氾濫した。この時、ため池は、干ばつ対策という古い設計意図とは違った機能を持ったものとして現れている）。

パターナリズム

第二の視点は、パターナリズムである。

近代的人間は、科学の知識を持つことによって、因習に縛られない自律的な人間になったと言われる。しかし、過失の問題を通じて、科学技術を使った人工物の世界は、このような人間観を突き崩す力を持つようになってきた。こういう意味を含めて、現代は人工物について理解するための技術論、つまり技術を理解するための枠組みの解明が重要となる。しかも、倫理学はもともと人間の意図的な行為に関わっていたが、人工物の世界は過失、もしくは過失とも言えないミスが大きく作用する社会になったのである。そして、過失に対しては、ミスをした人を罰するより、より良いシステムを作ることが求められることになる。この場合に、人間行動の道筋としての倫理が、実質的な変容を受けることになる。そして、その一部は実定法において、さらに裁判の判決において示されてきたのである。

ここまでが、人工物とともに暮らす社会のありようを分析したものとなる。

2．現代の技術の位置づけ

製造より、設計が重要だ

技術論として、ものづくりの現状をどう捉えればいいのだろうか。

製造、設計、メンテナンスの三つが工学の基本分類である。技術論的な視点から見て、現代の工場における生産プロセスの中で特徴的なポイントは何だろうか。一昔前までは、「製造」という視点から、ものづくりを考えていた。より具体的に言えば、生産現場の労働災害などが技術論の課題であった。しかし、現代の工場においては「設計」が、最も重要になってきている。

さて、経済学・法学的な観点からすれば、商品は売れば所有権が移転して、メーカーにとっての仕事は終了である。しかし現在では、売ったあとに問題が起こるケースが多い。ユーザーは、購入した商品、つまり人工物を一定期間にわたって使い続ける。人工物が事故を起こすのは企業の手を離れてからなのだ。そうなると、商品を「単なる商品」としてではなく、「設計された人工物」という視点で見ることが必要になる。つまり、設計者の「意図」を体現するものとしての人工物という見方である。

少し歴史を振り返ってみよう。産業革命の時代以後、重視されてきたのは「製造」であった。具体的に言えば、商品を大量に、かつ品質よく作ることができるかということが重要なポイントだった。工場において生産される商品は、かつては単純なものであった。アダム・スミスの『国富論』では、ピンの製造において「分業」により生産量が飛躍的に向上する例が取り上げられていた。

しかし現代の製造業の主流は、自動車や電化製品など、かつてとは比較できないほど複雑な人工物である。しかも、多品種少量生産が要請されている時代でもある。現代の複雑な人工物を製造する工場では、コンピュータによる制御能力の大幅な向上が、重要な役割を果たしている。ものづくりの現場は様変わりしたのである。

これを別の面から述べると、労働者と資本家という企業を中心とする問題設定から、人工物を設計する技術者という問題設定へと変わったということになる。さらに言えば、人工物とともに生きるしかなくなったユーザーや消費者という、より広い社会の問題設定へ、つまりソーシャル・アクシデントの時代になったということになる。

ここで、「分業」という視点から、あらためてものづくりの歴史を見てみよう。

初期の分業では、箱を一人で作るのに比べて、多数の人が専門的な仕事をすることによって、一日に作れる製品の量が増大した。ある人は材料を裁断し、別の人が組み立てて、別の人が完成品を運搬する。かつて、分業は大量生産のための方法だと見られていたのである。つまり、分業は「製造」に関わるものとして捉えられていた。

この場合、労働者は分業を通じてものづくりの仕事の一部だけに関わることになるので、いわばチャップリンの『モダン・タイムス』のような世界になるということが、人間疎外として問題視されてきた。「分業」は、労働者と資本家の対立という問題設定の中にあったのだ。

だが、時間の経過とともに、「分業」の位置づけは大きく変わることになる。

例えば、現代の代表的な産業として自動車の製造を考えてみよう。自動車工場では、数万点の部品を組み合わせて、最終製品である自動車を作っている。もちろん、労働者は製造過程のごく一部にしか従事しないので、昔ながらの「分業」は依然としてある。しかし、現代の複雑な人工物の製造を可能にしたのが、工場レベルでの「分業」による高品質で多様な「部品」の供給である。

現代において、分業のポイントは、それを通じて多様な部品が、品質も確保された状態で作れるということにあるのである。しかも大量に作ることができる。

自動車メーカーが現在行っているのは、他の工場で製作された「部品」を一ヵ所に集めて、組み立てていることである。多くの工場で作られた金属部品、プラスチック部品、電装部品などを組み合わせて、最終的な商品としての自動車を作っているのである。最終メーカーは、他社の製品をパーツ化し、それを組み合わせることによって、新たな製品も作ることができるようになっているのである。[7]こういった部品を作る業者は、サプライヤーと呼ばれている。

この部品の組み合わせを、様々な制約を解決しながら考えるのが「設計」という仕事である。こうして、「分業」は、「設計」に関わるポイントとして重視されるようになったのだ。

現代においては、自動車メーカーの設計者でも、あらゆる部品を一から作り出すことはできない。つまり、設計者は自分が作ろうとしている製品を完全には把握することができない。さらに、部品をいくつも組み合わせることで、製品は高度に複雑化する。つまり、様々なレベルでブラックボックスが生じるということが起きる。

それ故、現代のエンジニアには、「発注力」が求められることになる。発注力と納品検査によってしか、エンジニアは、自分の設計の意向に沿ったものを実現することができないからだ。とはいえ、設計と発注力には自ずと限界があることを知っておく必要があるだろう。

技術者とユーザーの関わり方

設計、製造、メンテナンスの三つに分けた場合、いわば製造は、メーカーという企業の中で行われる。[8] 知識もその中にある。それに対して、設計では発注者の意向が重要であるし、メンテナンスにおいては、製造物は、ユーザー、消費者、事業者などに所有されている。メーカー外の知識や権限が大きく関わってくる。

そのため、現代の技術論においては、メーカーの内部にある製造技術に焦点を当てるよりも、メーカーとユーザーとの関係を明らかにすることがまず求められる。

自宅の建築でも同じだが、施主（これも一人でなく複数になることが多い）の意向を明示化するだけで良い家が建つわけでもない。設計者や施工者などとの十分な意思疎通が必要である。ここで考慮すべき論点は多様だろう。以下、いくつかの側面を概観することにしよう。

①所有権に介入するメーカー

自動車はその通常の機能である動き、止まり、曲がることができることさえ満たせば、メーカーの責任は終了すると考えられていた時代もあった。つまり、自動車を買った後はドライバーが通常の機能を利用して責任を持って道具を使う、はずだった（道具についての基本的イメージはこうだった）。しかしそれでは済まない時代になったことはすでに述べた。

製造物責任法（ＰＬ法）に結晶した二次衝突の問題（車が衝突事故を起こした時に、車に乗っているドライバーが車の中の設備とぶつかって、大きな怪我をする）により、消費者の持つ、処分できる権利としての所有権を超えるところまでも（ユーザーの使い間違いでも、よく起こる間違いならメーカーがそれに対処するべきだとして）メーカーが対処することとなったのである。[9]

このような二次衝突の配慮をしていない自動車は欠陥車だとして非難された。つまり、販売後は消費者に所有権が移り、ユーザーが人工物をコントロールしているはずだったのに、安全に関する自動車の利用の仕方をコントロールする権利を、いわばメーカーに与えているようにも見えてくる（馬に乗る場合には、落馬に関わる責任は自己責任となるだろう）。

別の観点から、所有権というコントロール権を見てみよう。[10]

②サービス化

さて、ものづくりのサービス化が現代の流行である。例えば、ソリューションという言葉を使ったビジネスは、一〇年以上前から広がっている。作った製品を売るというよりも、他の企業が必要とする技術や製品を適切に提供しようとするビジネスである。

これは、ものづくりからサービスへという方向性を先取りするものである。ただ、このビジネスはある面から見ると、他人の所有物に対して、利便性、安全性などという観点から、介入していこうとするものである（ものは売る。所有権が移った後は好きに使ってくれ、というのとは違ったビジネスである）。所有者が自分の所有物をすべてコントロールできるとするなら、いらぬおせっかいに近いことをしているはずだが、人は「自分のもの」の使い方をよく分かっていないから、このようなサービスが機能する。ビジネスの場面でも技術の伝達は難しい。企業以上に個人が人工物の機能や副作用を分かっていることは、より少ないだろう。

二つのポイントに注目しよう。

一つは、ソリューションとか、サービス化というのは、所有者に製品を好きに使ってくれ、というのではなく、使い方の支援をするとか、ある種の強制をするということだ。例えば、汎用コンピュータは演算をするという処理であれば理論的に万能であり、何でもできる。だから、そのうちで、特に、表計算をするとか、ワープロ機能を使う場合には、それなりの使い方の導きをするために、市販のプログラムが用意されている。スマホなどでは、アプリという形で様々な機能があらかじめ備わっている。自分で複雑なプログラムを書くことも不可能ではないかもしれないが、非常に難しい。その状況を前提にすると、私の所有物であるパソコンが私にとって不透明なものとなる。つまり、プログラムを作ったメーカーが、私の所有物をある程度、管理している。

もう一つのポイントは、今までほとんど話題にしていない経済的なものである。市場取引による価格設定が変容するかもしれないのだ。

大量生産された人工物の場合、合理人は、市場での取引において、需給関係によって決定された適正価格で入手できると考えられてきた。近代的なモデルの望ましいあり方である。しかしながら、人工物にサービスというビジネスが働きかける場合は、所有者の利便性を考慮したカスタマイズ化が進む傾向にある、つまり、人工物の個物化が進行するわけだが、そのようなものが市場において、うまい具合に価格設定されるとは思えない。個物性の最も強い、極端なケースは美術品であるが、バンクシーの壁画が何億もするというのは、通常の価格形成とは異なる原理が働いているであろう。美術品とまで言わなくても、世界に一台だけの注文自転車を作ってもらう時、その価格をどう決めていいのか分からなくなる。個物化が進むと、作り手と消費者が、一つ一つ価格を決めなければならなくなってしまう。非常に厄介なことが起こり得るのだ。

メンテナンスに関しても、人工物の個物化により、対処が個別化する。マンションの同じ間取りの部屋であっても、住む人によって劣化の具合も異なり、改修するにしてもなかなか面倒になる。さらに事故を起こす人工物は、ある意味で負債と見なされるかもしれない。もちろん、使い方によって事故が起きる可能性を低くすることはできるかもしれないが、その限度が見えがたくなっているのが、複雑な人工物というものである。

人工物そのものが複雑系と理解されることによって、所有とそれに由来する愚行権はどの程度認められるのだろうか。

③メンテナンス

二〇〇八年頃からタカタのエアバッグが破裂事故を起こした。その欠陥のために、断続的にリコールが行われてきた。車検という制度があれば、問題となったエアバッグを搭載している自動車は簡単に見つかる。だが、アメリカには車検がない。そのうえリコールの対象である自動車が中古車として販売されたり、解体されて、エアバッグ自体が中古部品として売られている。そのため、リコールの終点はなかなか見えない。所有権とは独立に、製造者の責任が追及されるために、なかなか大変である。[11] 所有者の情報がメーカーにない場合、こういった問題に対応するのは困難だ。

所有者の情報をメーカーが持てば、メンテナンスの質は向上する。死亡事故を起こしたエレベータもあるが、通常、所有者、管理者が自分の所有物の情報をメンテナンス会社に伝えることによって、メンテナンスはやりやすくなり、安全は確保されやすくなる。だが、個人やマンションの情報をメーカーや事業者が持つということは、所有物に関する所有者個人のコントロールができていないということも含意する。

契約に基づいて個人的にメーカーなどと話した上で、自宅の機械の情報を提供し、サービスを受けることは人間の選択の自由にもかなうことである。問題は、製造物責任法や不法行為法で、一般的にメーカーや事業者への責任転嫁が可能になるということである。

スマホは多くの人が使っているが、この現代の利器もこの問題と無縁ではない。たとえば、サイバー攻撃があり得る。サイバー攻撃に対処するためには、少なくともソフトの日々の更新、改良が必要になる。そして、その対策をするワクチンソフトを購入することになる。こうして初めてスマホのある、日々の生活を送ることができる。よく考えると、私が使うアプリがどのようなものかとかOSの使い方も含めて、個人の所有物の内容をある程度、企業に開示することによって、我々は安全にビジネスや日々の交流を行うことができる。技術がサービス化するということは、(契約を通じたユーザーの意思決定の下で、という設定に基づくことによって、実は)製造者とか事業者が私の所有物に介入せざるを得ないことでもある。

この場合、個人的に仕様を変えると、メーカーでは対処できないことも生じる。同じことは二〇〇五年のパロマの湯沸かし器の事故でも起こった。系列のサービス業者が安全装置を迂回するような仕方で修理を行った上で所有者に使わせたことで、一酸化炭素中毒事故が起きた。安全のためには個人的修理、変更を許さないということまで必要とされるかもしれない。ここまでやると、メーカーや事業者のみがすべての責任をとることになる。このような場合においては、自分のものを自分で処分しているという所有権はどう位置づけるべきなのか[12]。自分の身体の所有権という特殊な存在の問題ではなく、ものや機械といったよくある人工物の所有権がここでは問題になっている。それにもかかわらず、近代的な考え方、倫理観は、これに対処できないでいる。

さらに、ある自動車を技術者が作ったとする。その付属物をオプションで作ることにする。3Dプリンタなどを使うと詳細なカスタマイズができるかもしれない。しかしこの時、安全性の検証に大きなコストがかかる。特に、二次衝突まで考えるとそうである。薬でも自動車でも大量生産を考慮して、多様で多量な実験をメーカーが行う。部品を総合する場合に問題が生じるかもしれないので、個別の部品の検査では済まない。これは、情報システムのバグを探すのに似ている。ピリオドの書き忘れなどは、現在ではその多くをシステムが対処するが、基本的な設計思想に関わるレベルで、上流での見落としが起これば、難しいトラブルが生じる[13]。

「個人仕様」「カスタマイズ」といった問題は医療分野にも見られる。一般に慢性疾患[14]は、遺伝子治療という科学的対処法はあるが、それでも個々人の健康管理を促すことがその中心となっている。日常生活では多様な食事、多様な運動を個人個人が行っている。その積み重ねが結果として慢性疾患を生じるとすると、あまりにも複雑な因果関係を明示化することはできないし、明示化してもそれに則って生活を律することはどう見ても難しい。

急性疾患である感染症を防ぐためには、公衆衛生（手洗いなどで食中毒を防ぐというのが一つの典型となる）と、細菌やウイルスなどの病原菌の発見と、それに対抗する薬の発明が重要となるだろう。コレラという疾患は、コレラ菌によるものだという発見は、その意味で重要であり、感染症の「原因」を究明する細菌学の隆盛を生じさせ、多くの人命を救うこととなった。科学的な原因究明が、病気の治療に直結していたのだった。

だが、様々な菌の生態系を相手にした時、病の「原因」となる菌を見つけるという方法は、どれほど有効なのであろうか。

一般に、手にもいろいろな菌が繁殖している。ただ、それをすべて殺菌しても、また別の菌がそこに繁殖する機会が生じる。別の悪い影響を及ぼす菌が付着し、繁殖するかもしれない。この意味で、悪者を退治するというやり方で、問題の解決を図ることは難しい。科学的分析が困難で、分析しても対応することが難しいのが慢性病である。人工物も、複雑な副作用を含んだまま長期間存続する場合には、同じような問題が起こることが予想できる。部分的な最適化や部分的な問題解決はできても、それが長期的、かつ大域的によい解決であるかどうかは分からない。これがメンテナンスの問題となる。

④老朽化に直面するテクノロジー

さて、サステイナビリティ（持続可能性）ということが言われる場合には、多くは資源の枯渇に関わる問題、廃棄物の増加に関する問題などがテーマになる。これは、我々が生きていくための資源の問題である。それに対して、いわば外部環境をどう維持するかの問題というよりも、維持されるシステム（橋やインフラの人工物、制度、組織など）の方に焦点を当ててみる。

大きな枠組みとしては、人工物のメンテナンスが問題となる。当然のことながら、技術者もメーカーも設計時から将来的な変化のすべてを予想することは難しい。

設計の段階でメンテナンスフリーにする方向をとることは、技術的提案としてあり得る。ただ、普通に考えて、維持すべき人工物がありそれを補修する人間がいれば、多少の問題にも耐えることができそうである。つまり、人工物と人間を合わせたシステムを、一つのシステムと考えれば、人工物の強化が実現されそうである（伊勢神宮の遷宮や辞書類のメンテナンスがその事例と言えるかもしれない）。

ここからさらに考える必要があるのは、この人間が補修する知識と道具を持ち続ける方法である。人は一〇〇年ぐらいが寿命だ。そうであれば、補修を行う人間は、自然人という個人ではあり得ない。企業のような組織でないと無理だろう。補修の方法や知識も変化する。企業の存続があれば、知識の継承も可能かもしれない（知的財産は競争環境の下、多くは企業に属している）。

ここでのより基本の問題は、企業の存在である。例えば、取引費用によって企業の必要性が論じられることもあるが、ここでの考えの基本は、企業や組織のトップに立つ人でも、完全な情報に基づいて雇用契約を結び（完備契約という言い方もされる）、人事を決定しているわけではないということだ。むしろ、完全な情報を持っていないからこそ、彼らは企業や組織を必要としている。一般的な言い方では、全知全能ではなく、限定合理的な人間が問題となることによって、企業のようなより強力な合理性を持ちうる法人という新たな人間ができてきたと見なせるだろう。人間の限定合理性を少し超えたものとして、企業の必要性が生じてきたと、二〇世紀に活躍したアメリカの心理学者、経営学者であるハーバート・サイモンは述べた。そして、これまで見てきた技術論において、メーカーという企業もそれを取り巻く制度も、複雑性、限定合理性と結びつくことによって、変化を余儀なくされている。合理的というにしては美しくはないが、少し奇妙でしなやかな合理性を示してもいる。

現実の社会を理解するためには、理学的な世界観の単なる外挿ではなく、技術においてもさらに企業においても、限定合理性というポイントが関わっているということを踏まえて技術論を考える必要がある。もともと完璧な機械はできないのである。[15]

さて、新しいテクノロジー（ロボットのような）をどのようにして社会に導入するか、どのようにしてそれと共生することができるか、という問題設定は行われている。しかし、老いたテクノロジーとの共生は常に必要になっている。常に混在は起こっている。そのような人工物を単純に廃棄して終わり、というように簡単に片づけられないのが現代である。

ネジは人工物を作る時に重要な部品だが、現在ではネジの専門家は少なくなっている。このように多様な技術が廃れていくと、既存の人工物も扱えなくなる。ローマの水道もそうであったし、現代の原発も廃棄は難しいが、そこから目を背けても問題は解消するわけではない。[16] 現代のアメリカでは技術者の不在で長大橋の建設が難しいように、技術力は単純に増加するというよりは、大きく蛇行して変遷しているといえる（COBOLなどの古いプログラムを扱える技術者は少なくなってきている）。その意味で、人工物に込められた遺言を読み解くことができなくなれば、我々の社会の持続可能性も危うくなると言わざるを得ないだろう。

人工物とともに暮らすことは、人間と機械の「対話」を目指すマン・マシン・インターフェイスをどう作るかとか、作った人工物の取扱説明書をどう書くかとは違った、より深い社会的問題を含むことになる（インターフェイスは、人工物を直接扱うという場面に制限されている）。人工物の廃棄には、その人工物を作るための知識そのものを維持することも必要となる。

テクノロジーの老いの問題は、人間の老いの問題と同じではないが、それなりに難しい問題を含んでいる。

3. 技術者の認識論と倫理学

設計の認識論的意味

以上の現状把握を踏まえた上で、技術者に焦点を当ててまとめていきたい。[17]

さて、設計という知的営為を、様々な制約条件を満たす試みと見なそう。こういう、ものの考え方は、知的営みとしては少し奇妙な特徴を持つことになる。リアルな現実の制約を考慮に入れることによって、我々は現実の姿をよく理解できるようになる。これらの制約を具体的に取り扱わないものは、単なるモデルであって、説明としては整合的であっても、現実感のない理論的構想物に思える。学問的営為が、リアルに接近するかどうかの問題設定が、理学と工学、さらにはものづくりの現場では違っている。

さて、人工物は様々な意図を通じて作られている。まず、発注者の意図が存在する。自宅の建設時に典型となる。続いて、設計者の設計思想と言われるものがある。自然法則を利用する技術者でも、機械的なマニュアルに従って人工物を作れるわけでもない。

そして、制約条件を按配するのが総合行為としての設計の特徴となっている（二七頁、図1）。チェスなどのゲームでも、コマを動かすルールと初形の位置が決まっていても、そこでの戦いは多種多様である。その意味で、ルールと初期値が決まっているということを強調しても（つまり決定論的な世界であっても）、そのイメージでは把握できないことがゲームの勝敗のポイントになる。

さらに、メンテナンスの事例でも見てきたように、飛行機でも使いこんでくると個物化する。その意味で、一般的、普遍的な知識とは異なった個別性を扱うことが必要になる。この意味でも、法則に従った冷たく合理的な世界、というものが人工物の世界を描写するとは思えない。

専門職と対比した技術者の倫理

工学の目的は「人工物」を作るということにあるが、古典力学や量子論を知ったからといって、良い人工物が作れるとは限らない。

ここで取り上げたいポイントは、人工物は科学に由来するというだけでなく、発注者の要求、意図にも応じたものだということである。何度も述べてきたが、科学の合理性を極端にまで進めたのが工学だと言うことはできない。自然が科学によって解明されても、自然への介入が容易になるとは限らない。ヒトゲノムの解読が終わった後でも、新しい薬が即座にできあがるわけでもなかったように、古典力学と電磁気学しかない時代でも、自動車、蓄音機、白熱電球などの新たな発明が続々できてきた。この意味で、工学は理学とは違っている。この点の確認を基にして技術者の仕事を概観しよう。

人工物を作ることを仕事にしている技術者には、隣人との関わりといった日常的な関係以外の人間関係が生じる。倫理学は人間関係を扱うものであるので、技術者においては普通の人が出会うことのなかった倫理問題が生じてくる。対面した人間に対する倫理的行為は、状況の把握がある程度できており、そこで意識的に、故意に行動することで生じる。だから嘘をついたり、急に殴りかかったりしてはいけない。これが子供の頃からの倫理規範となる（三三頁、図2―1）。

それに対して、技術者は人工物を作る。何年か経ち、そこから部品が落下して下を歩く人に怪我をさせることがある。うまく作ったものでも、遠い将来を見通すことは困難である。故意に他人を陥れようとすることを技術者は行っていないにしても、他人に迷惑をかけることがある。これが「人工物に媒介された倫理」の一つの典型事例である。この場合には、製造後のメンテナンスを考慮することも、考えておかねばならない。こうして、人工物を媒介して倫理的行為をするエンジニアは、対人関係の倫理とは違ったことを顧慮して行動することが要請される（三三頁、図2―2）。

また、すでに制度がある場合の行為ということも考えなければならない。制度を設計する時点では、技術者側からの自発的な活動や提案が見られるかもしれない。しかし、多くの場合、様々な基準や規制があった上で、それを踏まえてものづくりをしなければならない。既存の制度、既存のインフラがあった上で、ものづくりが行われることになる。例えば、エジソンの時代は、白熱電球の発明にとどまらず、発電機の研究開発も必要だった。現代では、電源の存在を想定し、その仕様や利用のための制度もあった上で、新たな発明が行われることになる。

このような背景の下で人工物を作ることになるために、エンジニアが「正しい」設計、安全を考慮した設計をしたとしても、それが単純な仕方では自発的な（エンジニアにとっての）倫理的行為と規定できないことが興味を引く。

もう少し深く考えてみよう。技術者が仕事をするには、知識を持つことが必須である。この状況は専門家と言われる人々に共通する。そこで、医師や弁護士という専門家の典型と比べることによって、「人工物に媒介された倫理」という考えをさらに説明しよう。

医師や弁護士といった典型的な専門家は、いわばサービス業である。つまり、患者とか依頼人に対して直接、メンテナンスを行う。医師は身体に対して、弁護士は人間関係の問題に対して、だ。そして、患者や依頼人は素人であるから、専門家がその知識を悪用して自分に有利なように取り計らってはいけない、というのが専門職の倫理の典型である。薬を不必要に多く出したり、自身の技能習得のために手術を勧めるというのがその例である。一般に「素人を騙さない」とも言い換えられる。[18] ただ、患者や依頼人は、専門家の目の前に立っている。そのために、問題が起こると直接非難されるが、うまくいけば直接感謝されることにもなる。

それに対して、エンジニアは、直接的には人工物を作っている。そして、例えばテレビのような人工物は、消費者が使っているうちに発火して火事を起こすことがある。つまり、作る人（エンジニア）が「直接的に」使う人（消費者）に倫理的行為を行うわけではない。

普通、倫理的行動は、他人に対する行為について言われる。腹が立って人に当たるのは倫理的に問題があるかもしれないが、ものに当たって壊しても自分のものならたいした問題ではない。そして、エンジニアにとって興味深いのは、通常、ＣＡＤ（コンピュータ支援設計）を扱っていたり、装置を使ったり、試験管を振ったりするなど、直接取り扱っているものは、機械装置のような人工物や自然物である。にもかかわらず、エンジニアの「設計」行為は、そこで作られた人工物に媒介されることによって、他人という人間に被害を与える可能性があるのだ。

こういう意味で、エンジニアの行動は、「人工物に媒介された」行為と表現できる。技術者は、医師や弁護士と同じように専門職と見なしていいとも言える。しかし技術者においては、人工物に媒介された倫理ということが問題となる。つまり、間接的な仕方で他人に関わる仕事になっている。間接的であるために、「他人に迷惑をかける」という倫理的に問題のある行為が、途中の因果関係の複雑さ故、見通せなくなるケースが多い。そのために、技術者としての倫理的対応も子供の頃から教わってきた道徳を思い出すだけでは、すまなくなる。さらに、配慮すべき人が、(患者や依頼人という)直接の発注者だけでなく、公衆と言われる一般ユーザーにまで拡大される(三四頁、図2―3)。橋やビルなどの公共に使われるものを考えると当然だろう。さらに、多くの技術者は大抵企業に属しているために、企業内での人間関係も考慮することが要請される。医師や弁護士は、その点でも違っている。

人工物を作る技術者は、新たなものを設計するということが第一のポイントとなる。そして、人工物の複雑さに起因する問題を何とかして解決する、もしくは解決に寄与することが、社会に対する技術者の責任となるだろう。ものづくりの仕事の全体を扱えないということを嘆くよりは、できあがった複雑な人工物がユーザーにとって、さらに将来の人間にとってトラブルを生じないものにするために、科学知識の継承を怠らず、事故調査に誠実に関わり、さらにこれらを実現するための社会制度の成立にも関心を持つことが必要だろう。[19]

作る時に想定される、使用者――つまりは人間が直面する状況だけがポイントではなく、何を作り、それが今後の世界でどう使われていき、どう使われなくなっていくかがポイントである。作られた人工物への配慮こそが、設計を行う主体となる、倫理的な技術者が考えるべきことではないかと私には思われる。世界を広く概観して、そこに自らの仕事の位置づけを見出すことが必要だろう。

結果的に、技術者は人工物を作る仕事をすることを通じて、なかなか面倒な倫理的配慮が求められることになる。[20]

最後に──「天災」化する事故

科学の世界は数学的で合理的な一様な世界になる、と見なされてきた。しかし、人工物の世界は、いわばアニミズムの世界になる。ユビキタスとかＩｏＴのために、ＡＩが装備されて初めてそうなるのではなく、それ以前から、複雑な人工物を設計する時代となった時から、その傾向は見えていたのである。もちろん、ＩｏＴはその傾向を助長するだろう。

現代を理解するために、この論点は重要になる。

そして、この傾向を理解した技術者にとっては、例えば、標準化の重要さとか、技術の伝承の重要さが分かるだろう。ネジのようないわば陳腐に思える技術でも、その奥深さを踏まえた技術の伝承が必要になる。もちろん、原子力技術のように、ある種、忌み嫌われている技術であっても、そこからすべての人が目を背けてしまうと、後の世代に対しては知的な裏切りをすることにもなる。

ものを捨てるだけの断捨離は、個人的な決断の問題だが、技術の産物である人工物を世の中から消すことは、マジックのようにはできないものである。これまで見てきたように、人工物は、捨てても壊してもいいとされる所有物というあり方ができなくなっている。また、人工物にはすべて設計意図があり、メンテナンスにおいても、サービス化においても、それを無視することはできない。しかも、一つの人工物の意図は、他の様々な人工物の意図と複雑に絡み合っている。たった一つの人工物を取り除くことで、それに連鎖して、他の人工物が暴走することもある。

鉄腕アトムほどの自律した人工物は、まだ現れてはいないが、複雑な人工物には「意図」があり、それに従って動いている。その意図は、設計者だけのものではなく、ユーザーや小売業者をはじめ、様々な人の意図が複雑に絡み合ったものである。その意図の複雑さ故、そして、そのメカニズムの複雑さ故、我々はその活動を単純に理解することはできない。人工物は、いわば自然に、勝手に動き、勝手に生成消滅している。

その意味において、複雑な人工物は、ある種の自律的な生命体とも見なせる。そして、それぞれが、互いに干渉しあい、様々な事象を起こしている。人工物は、我々の理解を越えた生態系を作り上げているのだ。

我々を囲む人工物の世界は、今や、いわば第二の自然として現れつつある。

ここにきて、我々は、本書の冒頭で記した定義――事故とは「人工物」が介在し、自然災害は純粋に自然の力によって引き起こされるという、とりあえずの定義を、変更しなければなるまい。事故は、人工物という第二の自然が引き起こす「天災」と化しつつあるからだ。

現代において、人工物の事故は、その複雑さ故、ほとんどの人にとっては見えがたいブラックボックスになっている。飛行機のような複雑な人工物が事故を起こすとする。運航に携わった機長、あるいは副操縦士がミスしたのかもしれないし、管制塔との通信が問題だったのかもしれない。また、整備に問題があったのかもしれない。もちろん、飛行機を設計した技術者のミスとか、製造時の問題である可能性もある。それぞれのピースがそれほど大きな間違いをしていなかったのに、それらが輻輳して大きなトラブルを生じたのかもしれない。しかも、人工物は社会制度や組織によって補完されて使われている。いったん補完が機能し始めると、社会制度、組織など、そのうちのどれかがトラブルを起こしても事故につながる。

ほんのささいなミスやトラブルが巨大事故へとつながるケースは現在、増えている。しかも、その影響は、事故の当事者だけでなく、社会の一部、または全体に及ぶ。その上、その原因についても、また責任についても、特定の個人や団体に帰すことだけでは解決できず、人工物の世界とそれを取り巻く社会全体において捉えるしかなくなっている。ここにおいて、人工物の事故は、すべて「ソーシャル・アクシデント」と呼ぶべきものとなる。その影響が社会全体を覆いながらも、「原因」も「責任」も見えない事故――「ソーシャル・アクシデント」は限りなく「天災」に近い。

「ソーシャル・アクシデント」は、結果的に人災の枠を超えてしまった。被害者は「運が悪かった」という言い方を認めるしかない。それが人工物の世界で生きている、我々が認めざるを得ない現実なのだ。

天災化しつつあるにもかかわらず、我々は、今もなお、責任者を探そうとしている。だが、今後、複雑な人工物とともに暮らすためには、古くからある責任の概念では、事故というものを扱えないということを、我々は認識しなければなるまい。

複雑な人工物というこの新たな自然は、将来のどこかの段階で、責任者の存在しない新たな自然物となる。責任者は見えなくなるが、それでもまた、事故は「自然災害」として起こる。

この新たな自然との共生は（台風などの自然災害の共生とも似て）、技術知の蓄積と継承を通じて初めて行えることになる。山中に閑居するのとは違った仕方で、新たな自然との共生が行われることになる。

註

はじめに

1. もちろん、人災だと言うことによって、意図的行為だとしてしまい、損害賠償をさせやすくする場合も多い。ただ、どう見てもミスや過失が大きいと思われる出来事が多いと認めた上で考えていく。

2. 時には、現状の反省も必要だろう。本書もその試みの一つである。ただ、すべてを民主的決定に戻して判断し直すということは、理想に走り過ぎて現実からの反撃を食らうことにもなる。

第一章

1. ラプラスの魔は、世界中の物質の初期値と自然法則を知っている。すると、この魔は世界で今後起こることのすべてが予測できるであろう。これは、決定論と自由という哲学の問題設定、もしくはキリスト教の内部での神の位置づけの問題設定を象徴する事例として有名であるが、現に我々が問題にすべき安全の問題とは全く別問題になっていることも押さえておく必要がある。（第二章参照）

2. 現在、将棋や囲碁において、ＡＩが人間のプロを破っている。ただ、それでも「すべての可能性を尽くす」という方法ではない。もし、この方法を使っているなら、どのＡＩも（ＡＩ相互でも）負けるわけはない。もしくは、一手目で勝負がついている。つまり、将棋盤上の世界においてさえ、ＡＩは人間より（多くの対局数をこなして経験値が高いために、さらに勝ち負けという明確な評価の下で経験を積むために）優秀ではあっても、ゲームの世界でさえ全知全能というわけにはいかないのである。

3. 拙論『〈ものづくり〉と複雑系』（講談社選書メチエ、一九九八）では、その一端を提示した。なお、工学が複雑系だということに関しては、拙論「動く」知識のために——工学と複雑性——」（『複雑性の海へ』ＮＴＴ出版、一九九四、pp.218-233）という論考以来、多くの機会で主張している。

4. 栗原則夫『現場の知とは何か』（丸善京都出版サービスセンター、二〇〇四、p.168）

5. 畑村洋太郎『設計の方法論』（岩波書店、二〇〇〇）

6. テクノロジーの世界は、科学的な、合理主義の権化になり得ない。自己資金で建てる自宅の建設時におけるリビングの日当たりや、水回りの使い勝手といった制約条件を考えれば当然である。

7. 例えば、山田卓生編集代表、加藤雅信編集『新・現代損害賠償法講座3　製造物責任・専門家責任』（日本評論社、一九九七）、川井健編『専門家の責任』（日本評論社、一九九三）。

樋口範雄は、専門家をフィデュシャリー（信認）ということで説明している（この論点は興味深いが、工学倫理は結局これでは済まない）。

「信認関係の当事者には信認義務（fiduciary duty）が発生する。信認義務の内容としては、医師患者関係における情報提供義務、さらに記録本体（カルテ）を開示する義務、弁護士のケースでの分別管理義務、後見人の場合の忠実義務等が語られていた。これらは、通常の契約関係には伴わない義務であり、英米法の諸国では、だからこそ契約関係ではなく信認関係という別個のカテゴリーを立てる必要が出てくる。このような信認義務の存在は、信託に限らず、およそあらゆる信認関係に特徴的な点である。」（樋口範雄『フィデュシャリー［信認］の時代』有斐閣、一九九九、p.24）

さて、個人同士の対等な関係は、契約の自由によって達成される。

「契約関係においては、自分の利益は自分で守らなければならなかったのに対し、信認関係にあっては、受認者は受益者の利益を図らねばならない義務を負う。それどころか自らの利益を図ってはならないのであり、受益者のためだけに行動しなければならない。これを忠実義務（duty of loyalty）という。受益者は、受認者に対して、自分のためだけを考えて働いてくれることを当てにしてよい。安んじて依存できる。これはアメリカにおいて、契約関係とまったく異なる点であるとされる。」（同前書、p.39）

8. 『日経 Automotive Technology』二〇一四年七月号（p.51）。なお、この段落は、この雑誌記事を参照した。

9. 要求の確定が難しくなることによって、システム構築が遅れて、大きな問題を引き起こした例が、みずほ銀行のシステムトラブルだと言われる。銀行のトップが決断すべきことを、実務家レベルの人に任せたために、要求仕様の決定が遅れたとされる。日経コンピュータ編『システム障害はなぜ起きたか』（日経ＢＰ社、二〇〇二）。

10．専門家の知識を素人が理解することに関して、医師を比較対象として見てみよう。医師の仕事は専門的サービスの一種と言えるかもしれない。しかし、身体に対する影響を及ぼす（診断を超えた）施術を施す場合には、その結果を評価することは、手術を受けた人にはできるだろう。失敗していれば、死ぬかもしれず、痛みを感じるかもしれない。

11．ジェームズ・Ｍ・モーガン、ジェフリー・Ｋ・ライカー『トヨタ製品開発システム』（稲垣公夫訳、日経ＢＰ社、二〇〇七）の第三章を参照。

12．警告表示の場合には、損害賠償が関わる。しかしそれは、人間の身体に対する（もしくはその所有物に対する）被害があることを前提としている。

13．デーヴィッド・Ａ・ハウンシェル『アメリカン・システムから大量生産へ　１８００-１９３２』（和田一夫、金井光太朗、藤原道夫訳、名古屋大学出版会、一九九八）

14．今日出登（日本航空機付整備長）「安全を支える人にインタビュー！［整備士編］」（『月刊エアライン』二〇〇二年五月二七五号、p.43）

別の例だが、独フォルクスワーゲンは燃費不正の問題に対処するためにエンジン制御ソフトの修正で対応しようとした。この場合でも、問題がある車両は一〇七〇万台で、そのモデルごとにソフトを一種類備えればいいのではなく、エンジン、ボディタイプ、変速機の組み合わせごとにソフトを開発しなければならない。それぞれごとに、細かな実験による確認が必要なため、アップデートには「途方もない作業量」が必要だと言われる。「欧州レポート　ＶＷ危機対策の舞台裏」（『日経 Automotive』二〇一六年七月号、pp.68-71）。

15．東日本大震災で立体駐車場のスロープが崩落した事故を例にして、建物の一部ではあっても、他の設計者が設計した図面（これがあっても）に対しての設計変更も、設計思想が異なっているので短期間では無理だ、と指摘されている。『日経アーキテクチュア』二〇一七年一〇月一二日号（pp.38-53。特に、pp.44-47）を参照。

16．アメリカでは、政治的意図を持ってマイノリティが通勤に使うバスが走れない（自家用車は可能）ような低いゲートを持った橋が作られているとも言われているが、一般論にするには無理があるだろう。

17．ネットのアーキテクチャやそのコードそのものが規制者となるとも言われる（ローレンス・レッシグ『CODE VERSION 2.0』山形浩生訳、翔泳社、二〇〇七、p.116)。なお、松尾陽編『アーキテクチャと法』（弘文堂、二〇一七）でも、よく似た論点の研究が行われている。

18．朝日新聞DIGITAL、二〇一四年一〇月二三日

19．行動経済学では「ナッジ」という仕方で、限定合理的な人間の行動を「良い」方向に導くインセンティブを与える制度を作ろうとしている。つまり、人間は心理的に初期設定をわざわざ変えようとしないことが分かっているので、デフォルトを使って「良い」行動を導く制度設計をしようとする（リチャード・セイラー&キャス・サンスティーン『実践行動経済学』遠藤真美訳、日経BP社、二〇〇九）。これは第三章のパターナリズムの論点とも結びつく。

20．この事例は、東澤文二「特集　ドロくさい改善のポイント」（『工場管理』一九九六年一月、第四二巻一号、pp.2-11）を使っている。

21．近代的人間は、因習ではなく科学的知識を身に付けて自律的に行動する人だと見なされた。ここでの問題設定は、科学技術の成果であるはずの人工物が、いわば無意識的に人間を規制するということである。設計、製造における時代の相違、科学の分野の多様性などのために、個人の人間の理解を超えた規制を行ってしまうということが、その背景にはある。

22．民主的決定が行われても、それは製作時の市民の意向の反映にはなっても、将来世代の人にとっては、自らの意向とは独立した既存の制約となる。干ばつ対応の意思決定の下で作られた「ため池」は、最近は子供が入らないように柵で囲われている。そして、現在では集中豪雨などでため池の氾濫による災害も生じている。

23．デカルトは、『方法序説』で、一人の手で設計された都市をイメージし、その方向性を持った哲学を作っていた。ただ、このイメージは、（AIで良く使われる言葉で言えば）おもちゃの世界では成り立っても、現実の複雑な世界ではどう見ても無理である。

24. 人工物を媒介としたコミュニケーションは、情報を伝えるよりも、設計をやり直すということを通じて行うこともありうる。少し古い炊飯器は「シチューを作ってはいけない」という警告表示がついていたが、シチューを温められる炊飯器を作ることも可能である。

25. 複雑ではない人工物の場合でも、冷凍食品や缶詰の安全性を予め確認することはできない。

26. 拡大損害がない場合、例えば、テレビの発火にしても、他のものに被害が及ばない場合は、製造物責任法は適用されない。買ったテレビが映らないなら、メーカーというより販売店にクレームを入れて交換するだけで済む。

27. この論点については、拙論「「人工物」への注目はどのような哲学的含意を持つか」（『技術倫理研究』第三号、二〇〇六、pp.7-9）を参照。

第二章

1. これについては、拙論「自動車安全を巡る7つの哲学的問題事例」（『関西大学社会学部紀要』第四六巻二号、二〇一五、pp.45-101）で扱った。

2. 刑法は一般に道具を使う「人間」を規制していた。二〇〇年も前なら、このようなやり方の規制が基本だった。

3. 例えば、中尾政之『失敗百選』（森北出版、二〇〇五）などがそのような分析をしている。より基本的には、畑村洋太郎の「失敗学」もそうである。

4. 疫学による統計的因果関係の発見はあり得る。また、「AIによるビッグデータ解析」も、コンビニの「ついで買い」を誘う商品といった、これまで気づかれなかった関係（相関関係）を明らかにしたと言われる。それでも、その因果関係の発見は、事故や失敗が起こらない、という保証まではしない。

5. 自動運転車の開発のために何十万キロも公道実験を行うのも、実験室では思いつかない多様な事例を集めるためである。また、例えば、ジェットコースターの事故があった場合に「横展開」をして、同様の機種を使っている別の遊園地で検査することも行われている。現実に使われている人工物の信頼性、安全性はこのような試みを通じて確保されることになる。

6. 私が二〇三〇年一月二日に奈良駅前のコンビニに自

動車で突っ込むということを予想して、それに対処する、ということは科学のやる予測ではない。

7. ただし、地下鉄日比谷線の事故では、脱線によりすれ違った列車同士の衝突事故が起こった。理論的には、一次元の問題として理解できるはずだったが、現実ではそれを超えた問題も生じうる。

8. 西原春夫『交通事故と信頼の原則』（成文堂、一九六九）

9. ジェラルド・J・S・ワイルド『交通事故はなぜなくならないか』（芳賀繁訳、新曜社、二〇〇七）

10. この点については、関西大学社会安全学部編『社会安全学入門』（ミネルヴァ書房、二〇一八）での拙論（第一八章）で少し詳しく論じた。

第三章

1. ただ、3Dプリンタなどを使うことによって設計と製造が結びつき、そして重要部品の調達も容易になってきたということに基づいて、個人でのものづくり「企業」が可能な世界になったという主張も行われるようになってきた。クリス・アンダーソン『メイカーズ』（関美和訳、NHK出版、二〇一二）などを参照。

2. ジム・ラベル、ジェフリー・クルーガー『アポロ13』（河合裕訳、新潮文庫、一九九五）

3. 多数の専門家が集まって問題解決を目指したのだが、ここでは専門家と素人とのコミュニケーションが問題、というわけではない。つまり、三〇ヵ月齢以下の牛の肉ならBSE（牛海綿状脳症）の感染はしないだろうという科学的評価がある程度できた後で、その情報をどのように素人に伝えるかというような問題設定ではない。コミュニケーションがポイントだとしても、場面によって強調すべき論点は変わる。

4. 福島の原発事故で、東電本社と福島第一原発という現場にいた吉田昌郎所長とのテレビ会議を見てみると、東電における緊急時の組織体制や、どこまでの非常時を想定したシミュレーションをしてきたのか、疑問を抱かずにはいられない。いくら想定外の事故だとはいえ、東電の対応はまだまだ不十分なように思えてくる。もちろん事故時には、情報を集約して判断することが必要になるが、特定の個人に長期間仕事をさせるのは無理である。実際、アポロ13

号の場合でも、管制スタッフも交代勤務をすることによって、現場対応を超えた、長期対応を考えるスタッフを準備していた。

5. 「クロスファンクション組織」という言い方もある。藤本隆宏『日本のもの造り哲学』(日本経済新聞社、二〇〇四、p.34)。

6. この段落の論点は、ジェームズ・M・モーガン、ジェフリー・K・ライカー『トヨタ製品開発システム』(稲垣公夫訳、日経BP社、二〇〇七)の第八章を参照。

7. ジェームズ・M・モーガン、ジェフリー・K・ライカー、同前書、p.46

8. 小林三郎『ホンダイノベーションの神髄』(日経BP社、二〇一二)。特に第五章と第六章を参照して、この段落を書いた。

9. ジェームズ・M・モーガン、ジェフリー・K・ライカー、前掲註6、p.47

10. 小林三郎、前掲註8、p.81

11. ジェームズ・M・モーガン、ジェフリー・K・ライカー、前掲註6、p.45

12. トヨタの承認図方式については、藤本隆宏『生産システムの進化論』(有斐閣、一九九七)を参照。

13. 五代領『製造現場から見たリコールの内側』(日本実業出版社、二〇〇五、pp.28-30)

14. 『日経Automotive』二〇一五年九月号(pp.43-44)

15. 五代領、前掲註13、p.42

16. 玉村和己(日本自動車部品工業会会長・日本発条社長)「要求外の不具合、責任問われる時代」(『日経Automotive』二〇一五年九月号、p.44)

17. 『日経ものづくり』二〇一七年一月号(pp.78-80)。なお、事故によって、現存の部品が使えない場合に代替材の品質管理に神経を使うことも指摘されている(『日経ものづくり』二〇一六年三月号、pp.20-21)。

18. タイタニックに関しては多様な推定や伝説があるが、ここでは基本資料として髙島健『タイタニックがわかる本　改訂増補版』(成山堂書店、二〇〇〇)を使っている。

19. 「慣れる」とか「親しむ」ことによって道具の使い方に習熟するとよく言われる。しかし、高齢者の事故は、通いなれた道を長年の経験に基づいて運転していることもその要因の一つだと言われる。身体機能の衰えという、物理的、生理的因果関係が影響を及ぼすために、事故においては、慣れよりも制度・システムが有効である。

20. 高野敦「解説——緊急命令の背景」（『日経ものづくり』二〇〇六年一月号、p.94）

21. ちなみに、製造物責任法でも一〇年の時効がある。

22. 高野敦、前掲註20、pp.94-96

23. 同前書、p.96

24. 防災用の保存食は、長期間の消費期限が設定してある〔そのために、かえって期限を過ぎることもある〕。

25. 特許流通フェアもよく行われている。特許という優れた技術でも、その使い道に関しては、発明者も理解していないことが多い。そのために、技術を公開して多くの人に見てもらって、使い道を考えてもらおうという試みである。

26. 所有権は自分の所有物を処分する権利である。所有物は売っても贈与しても、壊してもいい。しかし、実際は所有物に起因するトラブルの責任を引き受ける「義務」だとも見なせる。ペットによるトラブルが一つの例となる。

27. 人工物としては、ナノファイバーの方が適しているだろう。

28. 東京電力福島原子力発電所における事故調査・検証委員会『政府事故調　中間報告書』（メディアランド、二〇一二年、p.496）

29. 動物の場合には、害獣駆除、害虫駆除などが行われる。

30. テロを防ぐために個人のプライバシーが危険にさらされるという、FBI対アップル社のような問題が生じる。二〇一六年に米連邦捜査局（FBI）がテロリストの「iPhone 5c」のロックを解除するようアップル社に協力を求めていた。さらに、IoTによって、人工物を操作することも可能になり、それが他人に迷惑をかけるとすると、さらに「安全」のために、政府のコントロールが強まることはあり得そうだ。

31. ただ、政府の審議会なども、どのような人をメンバーにするかということに関して恣意性があるとも言われる。

32. パターナリスティック的な保護に甘えることは、モンスターペアレントやクレーマーとなった消費者においても起こっている。

第四章

1．ジョンソン政権は、一九六六年三月に「交通問題教書」を議会に送り、自動車の安全対策の立法を促した。このあたりの経緯は、鈴木直次『モータリゼーションの世紀』（岩波書店、二〇一六）の第三章でコンパクトにまとめられている。

2．不法行為法制度の歴史における変化は、一九三〇年代半ばに行われた、Fleming James のリスク分散の考えと、Friedrich Kessler の企業の支配力の考えとの学問的業績によるとされる。George L. Priest: The Invention of Enterprise Liability: A Critical History of the Intellectual Foundations of Modern Tort Law, *The Journal of Legal Studies, vol.XIV* (*Dec.1985*) pp.461-527

3．前田達明は、「元来、過失責任原則の基礎は、大抵の事件は明白な過失によるもので、加害者に過失がないときは、多くの場合、被害者に過失があるといった市民社会であった」という言い方をしている（前田達明『不法行為法理論の展開』成文堂、一九八四、p.14）。

4．ラルフ・ネイダー『どんなスピードでも自動車は危険だ』（河本英三訳、ダイヤモンド社、一九六九）の第三章の表題は、「二次衝突——搭乗者が車の内部にぶつかるとき」というものだ。

5．日科技連ＰＬ編集委員会編『企業と製造物責任』（日科技連出版社、一九九一、p.38）

6．同前書、p.39

7．「リステイトメント（Restatement）とは、米国がいわゆる判例法主義を採っていることによる不便を補うために、法の各分野ごとに、膨大な数に上る各州の判例の趨勢を分析、整理したうえ、およその平均値と目されるところにしたがって、法の現状を条文形式で叙述し、それにコメントと注釈を付したものである。」（アメリカ法律協会編『米国第３次不法行為法リステイトメント　製造物責任法』森島昭夫監訳、山口正久訳、木鐸社、二〇〇一、p.4）。なお、リステイトメントそれ自体には、法源としての拘束力はないが、法の解釈や運用の方向を示して、裁判所をリードしている。その意味で、専門家たちの間で高い権威と信頼を得ている。従って、製造物責任についての現在の傾向を理解するのにリステイトメントの変化は良い指標になると思われる。つまり、〔このような変化は、〕長年の裁判の積み重ねによって、この世界に生きている人々にとって、ある程度、納得のいく判断の仕方が確立されてきたのではないかと思っている。

8. 日科技連PL編集委員会編、前掲註5、p.35の訳文を使用。

9. 同前書、p.35

10. ジェスロ・K・リーバーマン、『訴訟社会』(長谷川俊明訳、保険毎日新聞社、一九九三、p.88)

11. 同前書、p.95

12. 設計の論点については、畑村洋太郎『設計の方法論』(岩波書店、二〇〇〇)を参照。本書の第一章でも部分的に論じてきた。

13. ジェスロ・K・リーバーマン、前掲註10、p.89f.

14. 同前書、p.91

15. アメリカ法律協会編『米国第3次不法行為法リステイトメント　製造物責任法』(森島昭夫監訳、山口正久訳、木鐸社、二〇〇一、p.45)

16. 同前書、p.6f.

17. 同前書、p.7

18. 同前書、p.7

19. 同前書、p.35

20. 同前書、p.8

21. 同前書、p.47

22. 同前書、p.47f.

23. 小型車の例については、同前書p.60を参照

24. 同前書、p.56

25. 同前書、p.62

26. 同前書、p.62

27. 拙論「技術者は奇妙な専門家?!」(『まてりあ』第四二巻第一〇号、二〇〇三、pp.696-699)を参照。

28. ジェームズ・リーズン『ヒューマンエラー』(十亀洋訳、海文堂出版、二〇一四、p.33)。なお、この節の前半の内容は、この本に依存している。

29. 同前書、p.38

30. ジェームズ・リーズン『組織事故』(塩見弘監訳、高野研一、佐相邦英訳、日科技連出版社、一九九九)

31. 同前書、p.179

32. 同前

33. カントはこういう方向で自由を考えた。複雑な機械のような人工物は、あまり重要な意味を持たない時代における判断である。

34. 前掲註30、p.180

35. 同前書、p.182

36. 「Navigation　航空事故の再発防止に向けて、一刻も早い環境整備を――「刑事捜査」より「原因調査」を優先させるべき――」(『PILOT』二〇〇一年二号、pp.2-4)

37. 現在は、海難事故などにも拡張され運輸安全委員会となっている。

38. http://jtsb.mlit.go.jp/jtsb/aircraft/

39. 松岡猛「交通事故調査における問題点――日本学術会議第28回安全工学シンポジウムでの議論――」(『安全工学』三七巻五号、一九九八、pp.364-366)

40. 松岡猛「交通事故調査のあり方に関する日本学術会議からの提言」(『安全工学』四〇巻一号、二〇〇一、pp.38-42)。ただこの提言は、現在のところ、社会的に認知はされていても、完全な実現には至っていない。

41. 瀬川信久「消費社会の構造と製造物責任法」(『岩波講座現代の法13　消費生活と法』岩波書店、一九九七、pp.187-216)

42. 「刑事責任追及の逆機能」として、同様の論点を松宮孝明は提示している。『過失犯論の現代的課題』(成文堂、二〇〇四)第一七章参照。

43. このような論点は、民法に関する通常の理解であるが、例えば、下森定「日本法における「専門家の契約責任」」(川井健編『専門家の責任』日本評論社、一九九三、p.13)を参照。

44. 倫理学は、基本的に人間しかいない社会を扱っているし、経済学でも売買契約という人間関係(意図的行為)を基に社会を理解しようとしている。

45. 加藤雅信「第六章　事務管理・不当利得・不法行為序論」(『民法学説百年史』三省堂、一九九九、p.529)

46. これらの紛争は「それまでの社会がほとんど経験しなかった新しいタイプのものであり、既存の法理論ではとうてい対応し切れない複雑な問題を含んでいた」。森島昭夫『不法行為法講義』(有斐閣、一九八七、p.10)

47. ここでの論の運びは、潮見佳男「賠償と補償」(『ジュリスト』一九九八年一月一－一五日合併号、pp.154-159）による。

48．例えば、加藤雅信編著『損害賠償から社会保障へ』（三省堂、一九九四）。

49．この表現は例えば、西原春夫「過失についての諸問題」（『交通法研究』創刊号、有斐閣、一九七一、pp.157-158）を参照。

50．公害では、汚染物質の長期低濃度の曝露によって人体に影響を与えた。そのため汚染物質の到達経路が不明で、汚染物質と疾病との因果関係の立証が困難であった。そこで因果関係の立証に蓋然説が唱えられ、疫学的手法が採用された。また、被告企業の過失をめぐって、予見可能性、結果回避義務が論じられた。また複数企業による公害の責任に関して共同不法行為が問題にされてきた。このような論点は、被害者救済を目指すものであるが、古くからの個人に対する帰責の仕方とは違う論点を強調している。

51．森島昭夫『不法行為法講義』（有斐閣、一九八七、p.16）

52．同前書、p.166

53．同前書、p.174f.

54．同前書、p.176

55．同前書、p.182

56．同前書、p.187f.

57．一九六〇年代以降、日本では交通事故、医療事故、公害、さらには製造物責任法に関しても、専門の業務に携わる者の注意義務の強化が判例に示されるようになってきた。川井健『民法教室　不法行為法第二版』（日本評論社、一九九五）第二章を参照。

58．北川善太郎『民法講要Ⅰ　民法総則』（有斐閣、一九九三、pp.13-16）、北川善太郎『レクチャー民法入門』（有斐閣、一九八八、pp.125-132）

59．同様の区別を、星野英一も行っている。彼は、近代民法における人間と現代民法における人間を対比している。星野英一「私法における人間」（『岩波講座基本法学1　人』岩波書店、一九八三）

60．北川の紹介を中心とする以下の論点は、拙論「工学の知識と責任」（『中部哲学会年報』第三二号、二〇〇〇、pp.31-46）でも提示した。

61．AIに支配されるかどうかというSFの話以前に、現実の人工物の世界の理解を深める必要がある。

62．デービッド・A・モス『民の試みが失敗に帰したと

き』（野村マネジメント・スクール訳、野村総合研究所広報部、二〇〇三）

63. また、民法の損害賠償は、原因を生じた者のうち、どの者を選んでも訴えることができる。その意味で、諸原因の中から、賠償金を支払えそうな企業、メーカーに焦点を当てて責任を負わせることは許されている。もちろん、本当の事故原因が分かり、そしてその当事者に賠償能力、経済力があれば、その人を訴えるのが被害者保護の枠組みの中では、最良の選択となるだろう。

64. クリス・アンダーソン『メイカーズ』（関美和訳、NHK出版、二〇一二）

65. JR東海認知症高齢者事件とか、最高裁判所第三小法廷二〇一六・三・一判決とか呼ばれる。この判例の解説は、『法学セミナー』二〇一七年三月号で浅岡輝彦が、『論究ジュリスト』二〇一六年冬号では、前田陽一が行っている。

第五章

1. ちなみに、脳だけからなる人工知能を考える場合（唯脳論）と、身体を持ったロボットとしての人工知能を考える場合とでは、考察すべき論点が異なってくる。この対比を使うと、ここでは後者の視点で、工学、人工物について考えてきたことになる。

2. リアルに関する同類の理解について、三点を付け加える。第一は、理論物理学というよりも実験物理学の感覚に近いという論点である。実験ではデータがリアルであって、理論はそれを整理する試みと見なされる（社会科学での調査などでも、そこから得られる相関関係や因果関係は、整理した結果に過ぎない）。第二は、数学の分野で「理論数学」という概念に関わる。直観や予想を立てることが理論数学であって、その予想の証明が「厳密な数学」と名付けられる（アーサー・ジャフィー、フランク・クイン「〝理論数学〟数学と理論物理の文化的統合に向けて」『数学セミナー』笠原泰訳、一九九四年一一月号、一二月号、一九九五年一月号）。第三は、工学やものづくりでは解を求める必要がある、ということに関わる。例えば、ナヴィエ・ストークス方程式が流体に成り立つことが分かっていても、複雑な配管の中を蒸気も水も混相流として流れる場合に、その様子を計算することは困難である。初期値、境界値の少しの変化で様子が大きく異なる。この時、配管の所々の実際の計測値がリアルになる。また、事故は個別性に由来することも多い。

3．統一科学ができて、一種類の専門家だけですべての種類の人工物が作れるとしても、このような時間の問題は生じる。知識の問題ではなく、コストや製造時間の問題があるからである。だが、もともとの問題は、家の設計者と、テレビの設計者と、万年筆のデザイナーは同じ人ではあり得ない、というところに存在する。

4．なお、芸術作品や技能でできた作品は、制作者の意図が込められていると言われることもある。しかし実は、大量生産物でも新幹線の車両でも、橋でも同じように製作者の意図が込められている。人間の手仕事のみを強調するのではなく、設計という複雑な営みを含めた人間の行動を評価すべきである。

5．多くのメーカーは、実はメンテナンスをすることで初めてうまく使っていける設備や装置を売ることが可能となり、会社の経営が成り立っているとも言える。これは、その装置がブラックボックスでないのは、その製造会社だけであるからだ、とも言える。

6．この論点については、拙論「自動車安全を巡る7つの哲学的問題事例」（『関西大学社会学部紀要』第四六巻二号、二〇一五）を参照。

7．もちろん、作るというよりも、モノタロウのような卸の会社で多様な部品を購入することもできる。

8．製造物責任法でも、製造上の欠陥は、メーカーの無過失責任となっている。

9．ここでは愚行権は消えてしまった。

10．実は臓器にまで、「もの」の所有権と同じく、所有権による完全な処分権を認めて良いかというのが、臓器売買に関する一つの論点である。ただ、これまで見てきたように「もの」、特に「人工物」は、単なる「もの」であっても、この処分権や完全な支配という点においても様々な問題が存在しているのである。

11．知財では消尽するかもしれないが、製造物責任はそれ以上の追及が行われる。

12．WIRED news 2013.03.26 TUE 20:23 によると、アップル製品に関して、ソフトウエアもサービスマニュアルも著作権保護で部外秘になっているために、ハードウエアを買っても、それを自分で直せない。

こういう意味で、自分の買った製品の所有権を（少なくとも完全には）持っていないと言われる。

13. V字形の品質管理が、情報システムの設計では行われている。

14. 急性疾患は感染症が典型である。そして、戦前や戦後しばらくは、結核、呼吸器感染症、胃腸炎が三大死因であった。現代の三大死因は、がん、心疾患、脳血管疾患であり、これらは慢性疾患である。

15. 本書は、限定合理性という制約下で技術論を進めてきた。法学においても、行動経済学の導入に関わる問題点の考察が行われている。平野仁彦等編『現代法の変容』（有斐閣、二〇一三）などを参照。なお、売買や契約とは違う観点で限定合理性を扱うのが、技術論の特徴である（契約では人間の意志がポイントだが、事故では過失、さらには無過失といったことに焦点が合う）。

16. 西陣織などの伝統工芸を受け継ぐことは、文化的に重要である。そして、インフラとなっている人工物をメンテナンスすることは、社会生活上、これも重要である。

17. 人工物の技術論を法的観点でまとめ直してみる。第一は、雇用契約や労働法の下での人工物である。工場内で、労働者を資本家が搾取しているという論点は、工場での労働問題の典型例である。第二は、売買契約である。これは人工物を商品と見なすことであり、需要と供給で価格が決まる。もちろん、商品は人工物であっても、自然物であっても構わない。第三は、不法行為法である。自動車は、事故を起こす。予め約束、契約があるわけでもない。衝突後に人間関係、法的関係が生じるのである。意図的行為での法的関係というよりも、過失、ミス、偶然の要素を加えた法的関係がここでのテーマとなる。

18. 医師は専門的知識の研鑽、患者という依頼人への誠実（インフォームド・コンセントに基づく治療方針の決定）が、専門職の倫理の基本となっている。実は、このポイントを超えた第三のポイントとして、工学系の学協会の倫理綱領では「公衆への配慮」という論点が含まれている。つまり、お金を払う客に対する配慮を超えて、第三者であるユーザーをも配慮することを要請する。アメリカの学協会でも、一九〇〇年の初め頃から、この論点が意識されるようになった。

19．一つの特徴的な例が新薬開発である。これは、三つの段階に分けられ、第一が創薬研究、第二が開発研究、第三が臨床試験である。第一は薬の候補を探している。これだけで終わらず、人間に実際に使えることがその後の研究につながっている。いわば、何らかの新たな発明がポイントというよりも、その後の研究開発を通じて、品質や安全、さらには、他の装置との結びつきを行うことが実は重要なポイントだと思える。

20．製造物責任を見てみると、設計（と表示）に関して、メーカー、さらには技術者は過失責任が求められる。その意味での責任感が重要になる。

あとがき

何となく、人工物の世界は妖怪の跋扈する世界だと見えるような書き方になった。もちろん、おどろおどろしい書き方をしたかったのではなく、スッキリしていて決まりきった世界が科学技術の世界だという理解は、基本的に誤っているという主張をしたかったに過ぎない。

実際に人工物をメンテナンスしようとすると、様々な副作用が現れてくることも多い。これは、将来にわたって、どれほど科学が進もうとも、社会から事故やトラブルがなくならないということを意味している。

技術者はコントロールを目指しているし、社会制度を使ったコントロールも行われている。ただ、このようなコントロールは、局所最適化はできても、どこかで副作用が生じてくることになるだろうというのが、ここでの主張である。

具体的にものづくりに関わっている技術者なら、たぶん普通に理解していることではないかと思う。それを哲学的な表現で言葉にしようとしたのであった。

ここで提起した考えも、なかなか全体を統一的に見通すことができなかったが、退職の時期も近づき、自分の考えの棚卸しをすることになった。そこで、古くから私の単著の出版に尽力していただいた園部雅一さんがきっかけを与えてくださり、さらに今回もいろいろ鼓舞していただいた。そしてさらに、もう一人の編集者として高橋賢さんを紹介していただいた。哲学の専門家を想定したゴタゴタした議論や表現が少なくなり、スッキリしたものとなっているのは、高橋さんのおかげである。事故の論点を明確に打ち出し、読者が迷わないようにしていただいたおかげで、本書では枝葉末節となった部分が整理されることとなった。個人的には、この部分にも思い入れはあるために、もう一冊書いてみたいという気概も生まれてきた。この著作で研究生活も終了して、後は悠々自適ということにはなかなかいかない。

この本の多くの部分は、ここ何年も書き溜めた論文に由来するが、自分の論文の引用箇所をいちいち挙げることのできないくらい修正を重ねていった。一般に何年も書き溜めておいた論文やノートを、論文集として出すのは、何らかの全体イメージを提示するべき年齢になった哲学研究者としては知的怠慢だと思っていたために、時間をかけて本書を仕上げた。

もちろん、ここに提出した技術論、事故論が興味深いものかどうかは、読者の批判を俟つ他はないのであるが。

二〇一八年一〇月八日

齊藤了文

不法行為法　138, 144, 145, 147, 151, 166, 168-170, 175, 200
プライバシー　82, 103, 114, 120
分業　98, 102, 104, 193-195
弁護士　31, 32, 209, 210
法人　13, 87, 98, 100, 102-104, 126, 151, 159, 170, 171, 177-179, 204
法律関係　175, 176
補完　12, 13, 59, 62, 64, 88, 105-108, 131, 136, 214
保護　55, 126, 127, 136, 159, 176-179
補償　100, 150, 168, 176

マ

慢性疾患　201, 202
ミス　8, 37, 44, 75, 77, 109, 110, 130, 131, 138, 150, 152, 154, 156-159, 162-165, 168, 178, 179, 192, 213, 214
民事責任　78, 165, 175
無過失責任　10, 56, 58, 133, 139, 141, 147, 150, 151, 171, 175, 176
メーカー　37, 39, 51, 58, 87, 91, 98-101, 112-118, 120, 122, 123, 131-133, 135-138, 140, 141, 149-151, 168, 175, 177-179, 186, 193, 195-198, 200, 201, 203, 204
免責　146, 160-164
メンテナンス　9, 22, 23, 43, 45-47, 72, 87, 114-116, 120, 121, 192, 195, 196, 199, 200, 202, 203, 207-209, 212
モス，デービッド・A・　177
モラルハザード　163

ヤ

遺言　189, 191, 205
ユーザー　12, 23, 37, 39, 42, 49, 51-57, 87, 93, 94, 113, 117, 119, 120, 127, 138, 152, 159, 193, 194, 196, 197, 200, 210, 213
予見可能性　150, 173, 174
予見可能な用法　133
予防　65, 76, 81, 82, 122-126, 135, 147, 150

ラ

ラーセン・ルール　133, 135, 137, 138
ラプラスの魔　19, 69, 70, 73
リーズン，ジェームズ　155-158, 162, 163
理学，理学的　24, 25, 44, 190, 204, 206, 207
リコール　12, 100, 109, 113, 123, 199
リスク・ホメオスタシス　81, 127
リスクマネジメント　177, 178, 180
リステイトメント　138, 144, 145, 147, 151
労災　22, 23, 162
ロボット　14, 77, 78, 177, 204

ワ

割り切り　30, 186

生活習慣病　66, 122
制御　8, 9, 16, 17, 37, 49, 76, 105, 114, 153, 154, 188, 189, 193
製造上の欠陥　56, 144-147
製造物責任法（PL法）　9, 54-56, 58, 135, 136, 138, 144, 149, 150, 196, 200
制度　11-13, 17, 35, 59, 63, 64, 79, 105-109, 111, 114, 116, 119, 120-122, 124, 131, 136, 158, 160, 163, 164, 176, 177, 182, 183, 199, 203, 204, 208, 210, 214
製品寿命　114, 115
政府　13, 82, 116, 120, 126, 127, 177
制約　24, 28, 29, 36, 38-40, 42, 48-50, 71, 73, 82, 97, 141, 149, 176, 183, 184, 186, 189, 191, 195, 206
制約条件　9, 27, 28, 38, 39, 70, 95, 125, 184, 191, 206
設計意図　37, 49, 50, 189, 191, 212
設計思想　74, 75, 201, 206
設計（上）の欠陥　56, 144-147, 149, 150
絶対責任　141
総合救済システム　168
組織　13, 34, 35, 59, 87, 88, 90-93, 102, 104, 126, 150, 154-156, 160, 163, 203, 204, 214
組織事故　154
ソリューション　117, 119, 197, 198

タ

多重防護　154, 155
抽象的過失　171, 172
長期使用製品安全点検・表示制度　112
伝承　47, 91, 212
トレードオフ　9, 28, 29, 38, 40, 42, 70, 73, 82, 141

ナ

二次衝突　132, 133, 196, 197, 201
ネイダー，ラルフ　131, 132

ハ

賠償　44, 56, 78, 97, 99, 148, 149, 166, 168, 169, 170, 172, 175, 177, 178
賠償責任　55, 151, 165, 177
ハインリッヒの法則　162
パターナリズム/パターナリスティック　122, 126, 127, 191
発注者　34, 38, 39, 42, 49, 50, 100, 189, 190, 196, 206, 207, 210
PL法→製造物責任法（PL法）
ヒヤリハット　162, 164
評価　22, 23, 41, 42, 51, 55, 91-93, 143, 148, 149
フールプルーフ　9, 74, 75
フェイルセーフ　9, 74, 109
複雑系　8, 9, 12, 87, 188, 199
複雑性　9, 19, 20, 23, 24, 26, 46, 62, 64, 68, 77, 120, 164, 204
物理学帝国主義　19
不法行為責任　165

経年劣化　46, 112, 114, 115, 121, 187
契約自由の原則　165
契約責任　165
欠陥　12, 54-57, 65, 132, 142, 144-150, 160, 199
厳格責任　133, 139-141, 143, 145-147
限定合理性，限定合理的　9, 25, 26, 30, 62, 70, 75, 87, 89, 124, 184, 204
故意　35, 58, 130, 131, 151, 157, 158, 163, 166, 168, 170-172, 175, 207, 208
工学，工学的　9, 11, 24-26, 44, 63, 64, 69-72, 75, 79-83, 87-90, 184, 187, 192, 206, 207
公衆　26, 34, 35, 39, 40, 210
個物　28, 44, 46
個物化　45, 46, 121, 122, 198, 199, 207
個別性　45, 207
コミュニケーション　51, 52, 91, 92, 98, 146
コントロール　9, 16-18, 21, 37, 48-51, 64, 73, 79, 101, 102, 104, 105, 113, 116-122, 124, 126, 127, 130, 135, 136, 138, 151, 156, 157, 176, 189, 197, 200
コントロール権　113-115, 119, 197

サ

サービス　31, 78, 114, 117-119, 197, 198, 200, 209, 212
災害　7, 21, 23, 65, 130, 192, 213-215
債権関係　165, 166
サイレント・チェンジ　103
サステナビリティ→持続可能（性）
自己決定　52, 115, 135, 136, 150, 156, 177
自己責任　116, 166, 175-178, 197
事故調査　9, 65, 124, 159-161, 164, 210
システム　8, 9, 22, 44, 63, 64, 72, 78, 79, 88, 94, 104, 105, 107-111, 114, 118-120, 123, 131, 150, 154, 158-164, 168, 180, 182, 189, 192, 201, 203
持続可能（性）　46-48, 108, 203, 205
実験　9, 66, 67, 69-72, 87, 123, 184, 185, 201
自動運転車　76-80, 117, 123
シミュレーション　9, 66-68, 71, 72, 89, 90
自由　49-51, 82, 115, 120, 125-127, 134-136, 151, 152, 156, 166, 175, 177, 200
自由意志　50, 156-158, 165, 166
冗長性　9, 74, 88, 106, 108
消費者　22, 23, 26, 32, 42, 44, 50, 51, 55, 93, 94, 112-114, 118, 119, 131, 137, 139, 148, 150, 176, 178, 194, 196, 197, 199, 209
消費生活用製品安全法　111-113
商品　22, 23, 193, 195
所有権　23, 113-117, 119, 120, 137, 193, 196, 197, 200, 201
3Dプリンタ　179, 201

索引

ア

IoT（Internet of Things）　118, 212
アニミズム　189, 212
安全基準　125, 131, 142
安全性　27-29, 36, 38, 40, 45, 54, 55, 57-59, 62-64, 72, 74, 75, 78, 79, 81, 88, 90, 105, 108, 116, 117, 121, 132, 135-137, 142, 146, 148-150, 164, 197, 201
医師　10, 31, 52, 53, 58, 108, 109, 171, 209, 210
意図　7, 26, 37, 38, 43, 46-48, 50, 57, 114, 188, 189, 191, 193, 206, 207, 212, 213
意図された使用（方法）　132, 133, 137, 138
意図的（な）行為　83, 130, 151, 157, 182, 192
因果関係　18, 24, 66, 69, 82, 156, 169, 179, 202, 210
インシデント　160, 162, 164
インフラ　50, 52, 63, 79, 119, 120, 121, 203, 208
AI　14, 177, 189, 212
エヴァンス・ルール　132, 137
エラー　155-158, 162
エラーマネジメント　154

カ

科学技術　8, 10, 14, 18, 51, 52, 62, 64, 70, 80, 90, 105, 107, 130, 169, 177, 183, 189, 191
科学的実在論　183
科学的世界観　18, 19, 21, 24, 25, 36
拡大生産者責任　114-116
過失　8, 54, 56, 58, 83, 130, 132, 133, 140, 158, 162, 163, 165, 166, 168, 171-175, 179, 182, 191, 192
過失責任　56, 145-147, 151, 170, 172, 173, 176
価値　22, 23, 26, 28, 36, 37, 41-43, 46, 48, 51, 53, 55, 57, 82, 83, 86, 93, 95-98
監視　48, 82, 105, 116, 118, 120, 126, 182
感染症　65, 202
技術論　10, 11, 21-23, 104, 149, 183, 184, 192, 196, 204
規制　11-13, 50, 62, 63, 105, 116, 119, 121-123, 125, 126, 131, 138, 166, 176, 183, 208
近代，近代的　13, 50, 136, 165, 166, 175, 176, 182, 190, 191, 198, 201
近代的民事責任体系　165
具体的過失　171
組み合わせ爆発　20, 68
クライアント　25, 26
経営　95, 96
経営者　96, 97, 101, 178
警告・表示上の欠陥　56, 144-147

齊藤了文（さいとう・のりふみ）

一九五三年奈良県生まれ。京都大学理学部ならびに文学部卒業。同大学院文学研究科博士課程単位取得退学。

現在、関西大学社会学部教授。専門は、工学の哲学と倫理。

著書に、『〈ものづくり〉と複雑系』『テクノリテラシーとは何か』（ともに講談社選書メチエ）、『はじめての工学倫理』（共編著、昭和堂）、『誇り高い技術者になろう』（共著、名古屋大学出版会）などがある。

事《じ》故《こ》の哲《てつ》学《がく》

ソーシャル・アクシデントと技《ぎ》術《じゅつ》倫《りん》理《り》

二〇一九年　三月一一日　第一刷発行

著者　齊《さい》藤《とう》了《のり》文《ふみ》

発行者　渡瀬昌彦
発行所　株式会社　講談社
東京都文京区音羽二丁目一二—二一　〒一一二—八〇〇一
電話（編集）〇三—三九四五—四九六三
（販売）〇三—五三九五—四四一五
（業務）〇三—五三九五—三六一五

装幀者　奥定泰之
本文データ制作　講談社デジタル製作
本文印刷　株式会社　新藤慶昌堂
カバー・表紙印刷　半七写真印刷工業株式会社
製本所　大口製本印刷株式会社

ISBN978-4-06-514524-1　Printed in Japan
N.D.C.500　238p　19cm

講談社選書メチエの再出発に際して

講談社選書メチエの創刊は冷戦終結後まもない一九九四年のことである。長く続いた東西対立の終わりはついに世界に平和をもたらすかに思われたが、その期待はすぐに裏切られた。超大国による新たな戦争、吹き荒れる民族主義の嵐……世界は向かうべき道を見失った。そのような時代の中で、書物のもたらす知識が一人一人の指針となることを願って、本選書は刊行された。

それから二五年、世界はさらに大きく変わった。特に知識をめぐる環境は世界史的な変化をこうむったとすら言える。インターネットによる情報化革命は、知識の徹底的な民主化を推し進めた。誰もがどこでも自由に知識を入手でき、自由に知識を発信できる。それは、冷戦終結後に抱いた期待を裏切られた私たちのもとに差した一条の光明でもあった。

その光明は今も消え去ってはいない。しかし、私たちは同時に、知識の民主化が知識の失墜をも生み出すという逆説を生きている。堅く揺るぎない知識も消費されるだけの不確かな情報に埋もれることを余儀なくされ、不確かな情報が人々の憎悪をかき立てる時代が今、訪れている。

この不確かな時代、不確かさが憎悪を生み出す時代にあって必要なのは、一人一人が堅く揺るぎない知識を得、生きていくための道標を得ることである。

フランス語の「メチエ」という言葉は、人が生きていくために必要とする職、経験によって身につけられる技術を意味する。選書メチエは、読者が磨き上げられた経験のもとに紡ぎ出される思索に触れ、生きるための技術と知識を手に入れる機会を提供することを目指している。万人にそのような機会が提供されたとき初めて、知識は真に民主化され、憎悪を乗り越える平和への道が拓けると私たちは固く信ずる。

この宣言をもって、講談社選書メチエ再出発の辞とするものである。

二〇一九年二月　　野間省伸